全国经济专业技术资格考试辅导教材

2019 （精要版）

U0733795

工商管理专业
知识与实务(中级)

中华会计网校 编

人民出版社

责任编辑：甲　珺
特邀编辑：王晓彦

图书在版编目（CIP）数据

中级经济师工商管理专业知识与实务：2019／中华
会计网校编. —北京：人民出版社，2019
　　ISBN 978-7-01-020983-8

　　Ⅰ．①中… Ⅱ．①中… Ⅲ．①工商行政管理–资格考
试–自学参考资料　Ⅳ．①F203.9

中国版本图书馆 CIP 数据核字（2019）第 118851 号

中级经济师工商管理专业知识与实务
ZHONGJI JINGJISHI GONGSHANG GUANLI ZHUANYE ZHISHI YU SHIWU

中华会计网校　编

人民出版社出版发行
（100706　北京市东城区隆福寺街 99 号）

三河市中晟雅豪印务有限公司印刷　新华书店经销

2019 年 7 月第 1 版　2019 年 7 月第 1 次印刷
开本：787×1092　1/16　印张：8.5
字数：223 千字　印数：7,500 册

ISBN 978-7-01-020983-8　定价：38.00 元

前 言

正保远程教育

发展： 2000—2019年：感恩19年相伴，助你梦想成真

理念： 学员利益至上，一切为学员服务

成果： 18个不同类型的品牌网站，涵盖13个行业

奋斗目标： 构建完善的"终身教育体系"和"完全教育体系"

中华会计网校

发展： 正保远程教育旗下的第一品牌网站

理念： 精耕细作，锲而不舍

成果： 每年为我国财经领域培养数百万名专业人才

奋斗目标： 成为所有会计人的"网上家园"

"梦想成真"书系

发展： 正保远程教育主打的品牌系列辅导丛书

理念： 你的梦想由我们来保驾护航

成果： 图书品类涵盖会计职称、注册会计师、税务师、经济师、财税、实务等多个专业领域

奋斗目标： 成为所有会计人实现梦想路上的启明灯

☀ 图书特色

1. 内容浓缩，省时高效。

名师编写，教材厚度压缩近1/2，梳理重点知识，帮你把教材读薄，短时间内快速全面了解考试内容。

2. 内文双色，重点识记。

重点难点用颜色标识，视觉区分帮助加深记忆。

3. 增值服务，保驾护航。

视频课程+配套服务，通关好礼心动赠送，助你梦想成真。

☀ 最佳产品链搭配

《教材（精要版）》对教材内容进行高度浓缩，达到省时高效的备考效果。

《必刷1000题》全方位整理，刷遍全部知识点，多角度刷题，深度剖析新考题。

《应试指南》全面讲解知识点考点难点，适合各层次学员复习备考。

《最后冲刺8套题》浓缩资深专家预测精髓，适合冲刺拔高阶段练习。

目　　录

第一章

企业战略与经营决策

知识导图

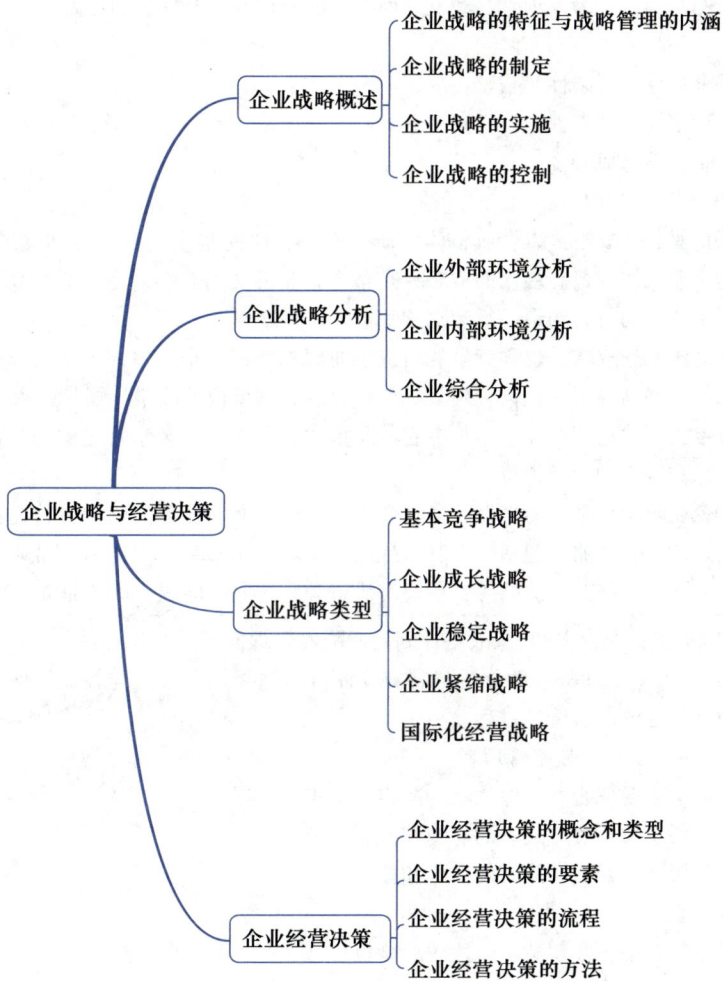

企业战略与经营决策
- 企业战略概述
  - 企业战略的特征与战略管理的内涵
  - 企业战略的制定
  - 企业战略的实施
  - 企业战略的控制
- 企业战略分析
  - 企业外部环境分析
  - 企业内部环境分析
  - 企业综合分析
- 企业战略类型
  - 基本竞争战略
  - 企业成长战略
  - 企业稳定战略
  - 企业紧缩战略
  - 国际化经营战略
- 企业经营决策
  - 企业经营决策的概念和类型
  - 企业经营决策的要素
  - 企业经营决策的流程
  - 企业经营决策的方法

▪ 内 容 精 要

<h3 align="center">第一节　企业战略概述</h3>

一、企业战略的特征与战略管理的内涵

表 1-1　企业战略的特征与战略管理的内涵

企业战略	(1)含义：企业在市场经济竞争激烈的环境中，在总结历史经验、调查现状、预测未来的基础上，为谋求生存和发展而做出的长远性、全局性的谋划 (2)特征： ①全局性与复杂性 ②稳定性与动态性 ③收益性与风险性 (3)层次 ①**企业总体战略**：以企业整体为研究对象，研究整个企业生存和发展中的基本问题；是企业总体的最高层次的战略，是整个企业发展的总纲，是企业最高管理层指导和控制企业一切行为的最高行动纲领 ②**企业业务战略**：也称竞争战略或事业部战略；是企业内部各部门和所属单位在企业总体战略指导下，经营管理某一个特定的经营单位的战略计划 重点是要改进一个业务单位在它所从事的行业中，或某一特定的细分市场中所提供的产品和服务的竞争地位 ③**企业职能战略**：为贯彻、实施和支持总体战略与业务战略而在特定的职能领域内所制定的实施战略，包括生产制造战略、市场营销战略、财务管理战略、人力资源管理战略和研究与开发战略等；主要解决资源利用效率问题，使企业资源利用效率最大化
企业战略管理	(1)提出：安索夫的《从战略计划趋向战略管理》 (2)内涵：企业战略的分析与制定、评价与选择以及实施与控制，使企业能够达到其战略目标的动态管理过程 (3)主体：企业战略管理者 ①**高层**主要职责：总体战略的制定和决策 ②**中层**主要职责：战略的实施和控制 ③**基层**主要职责：战略的实施和控制 (4)任务 ①基本任务：实现特定阶段的战略目标 ②最高任务：实现企业的使命(具有明显的主体导向特征)

二、企业战略的制定、实施与控制

表 1-2　企业战略的制定、实施与控制

制定	（1）含义：是从企业发展的全局出发，以实现企业使命和战略目标为指导方向，综合分析行业的动态变化，评估和预测竞争对手的行动，制定企业战略的全过程 （2）流程：确定企业愿景、使命与战略目标→准备战略方案→评价和选择战略方案 ①**企业愿景**：由企业内部的成员所制定，借由团队讨论，获得企业一致共识，形成的大家愿意全力以赴的未来方向 相关知识：不只专属于企业高层管理者，企业内部每一位员工都应参与构思制定愿景；内容：核心信仰和未来前景；回答的问题："我是谁" ②**企业使命**：要说明企业的根本性质与存在的理由，说明企业的宗旨、哲学、信念、原则，根据企业服务对象的性质揭示企业长远发展的前景，为企业战略目标的确定与战略制定提供依据 相关内容：回答的问题："企业的业务是什么"；定位：生存目的、经营哲学、企业形象 ③**战略目标**：企业在一定时期内沿其经营方向所预期达到的理想成果 相关内容：一般可分为盈利、服务、员工和社会责任四个方面；确定方法：时间序列法、相关分析法、盈亏平衡分析法、决策矩阵法、决策树法、模拟模型法
实施	（1）步骤 战略变化分析→战略方案分解与实施→战略实施的考核与激励 （2）模式 ①**指挥型战略**：制定者向高层领导提交方案，企业高层领导研究确定战略，向企业管理人员宣布企业战略，然后强制下层管理人员执行 特点：企业高层领导考虑的是如何制定一个最佳战略 ②**变革型**：十分重视运用组织结构、激励手段和控制系统来促进战略实施 特点：企业高层领导重点考虑的是如何实施战略；如果过分强调组织体系和结构，有可能失去战略的灵活性 适应情况：环境确定性较大的企业 ③**合作型**：把战略决策范围扩大到企业高层管理集体之中，调动了高层管理人员的积极性和创造性 特点：战略是不同观点、不同目的的参与者相互协商后的产物，可能会降低战略的经济合理性 适应情况：比较适合于复杂而又缺少稳定性环境的企业 ④**文化型**：把合作型的参与成分扩大到了企业的较低层次，力图使整个企业人员都支持企业的战略 特点：员工必须有较高的素质，要耗费较多的人力和时间，强烈的企业文化可能会掩盖企业的某些问题 ⑤**增长型**：企业的战略是从基层单位自下而上地形成 特点：管理者的要求很高

实施	(3)7S 模型：麦肯锡公司提出 ①**硬件要素** **战略**：是企业根据内外环境及可取得资源的情况，为求得企业生存和长期稳定的发展，对企业发展目标、达到目标的途径和手段的总体谋划 **结构**：战略需要健全的组织结构来保证实施 **制度**：企业的发展和战略实施需要完善的制度作为保障，而实际上各项制度又是企业精神和战略思想的具体体现 ②**软件要素** **共同价值观**：企业成员共同的价值观具有导向、约束、凝聚、激励及辐射作用，可以激发全体员工的热情，统一企业成员的意志和欲望，齐心协力地为实现企业的战略目标而努力 **人员**：有效的人员选、用、育、留机制为企业提供了持续不断的人才资源 **技能**：企业的生产经营活动是由具有一定技术能力的员工利用相应的生产要素来创造物质财富和精神财富的过程 **风格**：主要指企业文化
控制	(1)含义：指企业战略管理者及参与战略的实施者根据战略目标和行动方案，对战略的实施状况进行全面的评审，及时发现偏差并纠正偏差的活动 (2)**原则**： ①确保目标原则 ②适度控制原则 ③适时控制原则 ④适应性原则 (3)流程：制定绩效标准→衡量实际绩效→审查结果→采取纠偏措施 (4)方法 ①**杜邦分析法**：基于财务指标的战略控制方法，主要进行财务控制；特别适用于产品多样化的大企业 ②**平衡计分卡**：将组织的战略落实为可操作的衡量指标和目标值的一种新型绩效评价方法；目的是要建立"实现战略引导"的绩效监控系统，从而保证企业战略有效执行；它是加强企业战略执行力的最有效的战略控制工具；四个角度：财务角度、顾客角度、内部流程角度、学习与成长角度 ③**利润计划轮盘**：提出：罗伯特·西蒙斯的《利润计划要诀》；应用：战略业绩目标的制定和战略实施过程控制；组成：利润轮盘、现金轮盘和净资产收益率轮盘；它将利润作为分析战略目标的逻辑起点，以净资产收益率作为战略的最高业绩目标

第二节 企业战略分析

一、企业外部环境分析

表 1-3 企业外部环境分析

宏观环境分析	（1）**政治环境** ①指制约和影响企业的各种政治要素及其运行所形成的环境系统 ②主要包括政治制度、政治体制、政治结构、方针政策和政治形势等多个方面 （2）**经济环境** ①指企业所在地区或国家国民经济发展的概况，主要包括宏观和微观两个方面的内容 ②宏观经济环境主要指一个国家的人口数量及其增长趋势，国民收入、国民生产总值及其变化情况以及通过这些指标能够反映的国民经济发展水平和发展速度 ③微观经济环境主要指企业所在地区或所服务地区的消费者的收入水平、消费偏好、储蓄情况和就业程度等因素 （3）**社会环境** 是企业所处的社会结构、社会风俗、宗教信仰、价值观念、行为规范、生活方式、文化传统、消费偏好、人口状况与地理分布等因素的形成与变动状况 （4）**科技环境**：是指企业所在的地区或国家的科技水平、科技政策、新产品开发的能力以及技术发展动向等科技要素的集合 （5）**生态环境**：是指影响企业生存与发展的水资源、土地资源、生物资源以及气候资源等因素的集合，是关系到社会和经济持续发展的复合生态系统 （6）**法律环境**：是指与企业相关的社会法制系统及其运行状态，主要包括国家和地方的法律法规，国家司法、行政执法机关等因素
行业环境分析	（1）**行业生命周期分析** ①形成期 ②成长期 ③成熟期 ④衰退期 （2）**行业竞争结构分析** ①**新进入者的威胁** ②**行业中现有企业间的竞争** ③**替代品的威胁** ④**购买者的谈判能力** ⑤**供应者的谈判能力** （3）**战略群体分析** ①战略群体是指一个行业内执行同样或相似战略并具有类似战略特征或地位的一组企业

行业环境分析	②战略群体分组的分析方法：聚类分析，用于大样本的实证研究；分类分析，用于小样本分析 ③行业中战略群体的竞争主要包括：战略群体内的竞争和战略群体间的竞争
外部因素 评价矩阵	(1) **外部因素评价矩阵**(简称 EFE 矩阵)：是对企业的关键外部因素进行分析和评价的常用方法 (2) EFE 矩阵做法是从机会和威胁两个方面找出影响企业未来发展的关键因素，根据各个因素影响程度的大小确定权重，再按企业对各关键因素的有效反应程度对各关键因素进行评分并计算每个因素的加权分数，最后计算出企业的总加权分数

二、企业内部环境分析

表 1-4　企业内部环境分析

企业核心竞争力分析	(1)含义：是一个企业能够长期获得竞争优势的能力，是企业所特有的、能够经得起时间考验的、具有延展性的，并且是竞争对手难以模仿的技术或能力 (2)体现 ①关系竞争力 ②资源竞争力 ③能力竞争力 (3)特征 ① **价值性**：主要通过市场检验来实现； ② **异质性**：核心竞争力在相当长的一段时间内是企业获得超额利润的源泉 ③ **延展性**：核心竞争力应该具备一定的延展性 ④ **持久性**：不是指企业的设备、产品等有形资源，而是指无形资源的持久性 ⑤ **难以转移性**：转移性越低，企业的竞争优势就越大 ⑥ **难以复制性**：能被竞争对手轻易模仿和复制，战略资源的重要性就越低
价值链分析	

续表

波士顿矩阵分析	
内部因素评价矩阵	(1)内部因素评价矩阵(简称 IFE 矩阵),是一种对企业内部因素进行分析的工具 (2)IFE 矩阵是从优势和劣势两个方面找出影响企业未来发展的关键因素,根据各个因素影响程度的大小确定权重,再按企业对各关键因素的有效反应程度对各关键因素进行评分并得到每个因素的加权分数,最后算出企业的总加权分数

三、企业综合分析

进行企业综合分析常用 SWOT 分析法。SWOT 分析法是评估企业的**优势**(Strength)和**劣势**(Weakness)及外部环境的**机会**(Opportunity)和**威胁**(Threat)的分析方法。

表 1-5　企业综合分析

	优势(S)	劣势(W)
机会(O)	SO 战略:使用优势,利用机会	WO 战略:利用机会,克服劣势
威胁(T)	ST 战略:使用优势,避免威胁	WT 战略:克服劣势,避免威胁

第三节　企业战略类型

一、基本竞争战略(由美国战略学家迈克尔·波特提出)

表 1-6　基本竞争战略

成本领先战略	(1)含义:又称低成本战略,即企业的全部成本低于竞争对手的成本,甚至是同行业中的最低成本 (2)核心:加强内部成本控制,获得竞争优势 (3)**适用范围:** ①适用于人批量生产的企业,产量要达到经济规模 ②有较高的市场占有率,形成较高的市场份额

成本领先战略	③有能力使用先进的生产设备 ④能够严格控制一切费用开支，全力以赴地降低成本 (4)实施途径： ①规模效应 ②技术优势 ③企业资源整合 ④经营地点选择优势 ⑤与价值链的联系 ⑥跨业务相互关系
差异化战略	(1)含义：通过提供与众不同的产品或服务，满足顾客的特殊需求，从而形成一种独特的优势 (2)核心：取得某种对顾客有价值的独特性 (3)适用范围： ①要有很强的研究开发能力 ②在产品或服务上要具有领先的声望，具有很高的知名度和美誉度 ③要有很强的市场营销能力 (4)实施途径： ①产品质量的不同 ②提高产品的可靠性 ③产品创新 ④产品特性差别 ⑤产品名称或品牌的不同 ⑥提供不同的服务
集中战略	(1)含义：又称专一化战略，是指企业把其经营活动集中于某一特定的购买者群、产品线的某一部分或某一地区市场上的战略 (2)适用范围： ①在市场中或某一地区有特殊需求的顾客存在 ②没有其他竞争对手试图在目标细分市场中采取集中战略 ③企业经营实力较弱，不足以追求广泛的市场目标 ④企业的目标市场在市场容量、成长速度、获利能力、竞争强度等方面具有相对的吸引力 (4)实施途径： ①选择产品系列 ②细分市场选择重点顾客 ③市场细分选择重点地区 ④发挥优势集中经营

二、企业成长战略

(一)密集型成长战略

表 1-7　密集型成长战略

含义	(1)指企业在原来的业务领域里，通过加强对原有产品与市场的开发渗透来寻求企业未来发展机会的一种发展战略 (2)重点：加强对原有市场的开发或对原有产品的开发
形式	(1)**市场渗透** 实施条件： ①产品或服务在当前的市场中还未达到饱和时 ②现有消费者对产品的使用率还可显著提高时 ③在整个行业的销售额增长时，竞争对手的市场份额却呈现下降趋势 ④随着营销力度的增加，其销售呈上升趋势，且二者的相关度能够保证该战略的有效性 ⑤企业通过该战略带来市场份额的增加，使企业达到销售规模的增长，且这种规模能够给企业带来显著的市场优势 实施途径： ①增加现有产品的使用人数 ②增加现有产品使用者的使用量 ③增加产品的新用途 ④增加现有产品的特性 (2)**市场开发** 实施条件： ①在空间上存在着未开发或未饱和的市场区域 ②企业可以获得新的、可靠的、经济的、高质量的销售渠道 ③企业拥有扩大经营所需的资金、人力和物质资源 ④企业存在过剩生产能力 ⑤企业的主营业务是全球化惠及的行业 实施途径： ①在当地发掘潜在顾客，进入新的细分市场 ②在当地开辟新的营销渠道 ③开拓区域外部或国外市场新产品开发 (3)**新产品开发** 实施条件： ①企业拥有很高的市场信誉度，过去的产品或服务的成功，可以吸引顾客对新产品的使用 ②企业参与竞争的行业属于迅速发展的行业，在产品方面进行的各种改进和创新都是有价值的 ③企业所处的行业高速增长，必须进行产品创新以保持竞争优势；反之，如果企业所处行业增长缓慢或趋于稳定，则进行产品创新要承担较大的风险

形式	④企业在产品开发时，提供的新产品能够以保持较高的性能价格比比竞争对手更好地满足顾客的需求 ⑤企业具备很高的研究和开发能力，能够不断地进行产品的开发创新 （6）企业拥有完善的新产品销售系统 实施途径： ①产品革新 ②产品发明

（二）多元化战略

表1-8　多元化战略

含义	（1）又称多样化战略、多角化战略、多种经营战略，由安索夫提出，是指一个企业同时在两个或两个以上行业中进行经营 （2）相关多元化战略：又称为关联多元化战略，是指企业进入与现有产品或服务有一定关联的经营领域，进而实现企业规模扩张的战略 （3）非相关多元化战略：又称无关联多元化战略，是指企业进入与现有产品或服务在技术、市场等方面没有任何关联的新行业或新领域的战略
类型	相关多元化战略： （1）水平多元化：如汽车制造厂生产轿车、卡车和摩托车等不同类型的车辆 （2）垂直多元化：如某钢铁企业向采矿业或轧钢装备业的延伸 （3）同心型多元化：如一家生产电视机的企业，以"家电市场"为核心生产电冰箱、洗衣机；造船厂在造船业不景气的情况下承接海洋工程、钢结构加工 非相关多元化战略：—
实施条件	相关多元化战略： （1）企业可以将技术、生产能力从一种业务转向另一种业务 （2）企业可以将不同业务的相关活动合并在一起 （3）企业在新的业务中可以借用企业品牌的信誉 （4）企业能够创建有价值的竞争能力的协作方式实施相关的价值链活动 非相关多元化战略： （1）企业所在行业逐渐失去吸引力，企业销售额和利润下降 （2）企业没有能力进入相邻行业 （3）企业具有进入新行业所需的资金和人才 （4）企业有机会收购一个有良好投资机会的企业

（三）一体化战略

表1-9　一体化战略

含义	（1）纵向一体化：实质就是扩大单一业务的经营范围，向后延伸进入原材料供应经营范围，向前延伸可直接向最终使用者提供最终产品 （2）横向一体化：通过资产纽带或契约方式与同行业企业进行联合的一种战略

类型	纵向一体化： (1)后向一体化战略：企业生产所需的原材料和零部件等，由外部供应改为自己生产 (2)前向一体化战略：企业对自己所生产的产品作进一步深加工，或建立自己的销售组织来销售本企业的产品或服务的战略 横向一体化：合并与收购

（四）战略联盟

表 1-10　战略联盟

含义	(1)股权式战略联盟：通过合资或相互持股等股权交易形式构建的企业战略联盟 (2)契约式战略联盟：主要通过契约交易形式构建的企业战略联盟
类型	(1)**股权式战略联盟**： ①合资企业：十分普遍，尤其是在发展中国家 ②相互持股：与合资企业形式不同的是，相互持股形式的各方资产、人员不必合并 (2)**契约式战略联盟**： ①技术开发与研究联盟 ②产品联盟 ③营销联盟 ④产业协调联盟：多见于高新技术企业

三、企业稳定战略、紧缩战略

表 1-11　企业稳定战略、紧缩战略

稳定战略	(1)含义：受经营环境和内部资源条件的限制，企业基本保持目前的资源分配和经营业绩水平的战略 (2)**类型**： ①无变化战略 ②维持利润战略 ③暂停战略 ④谨慎实施战略
紧缩战略	(1)含义：企业在目前的经营战略领域和基础水平收缩和撤退，且偏离起点较大的一种战略 (2)**类型**： ①转向战略 ②放弃战略 ③清算战略

四、国际化经营战略

(一)钻石模型

表1-12   钻石模型

作用	由**迈克尔·波特**提出，用于分析一个国家某种产业为什么会在国际上具有较强的竞争力
基本要素	**生产要素、需求条件、相关支撑产业以及企业战略、产业结构和同业竞争**
变量	机会：是可遇而不可求的，机会可以影响四大要素发生变化 政府：从事产业竞争的是企业，而非政府，但政府对企业的国际化经营起到一定的影响作用。政府能提供给企业所需要的资源，创造产业发展的环境

(二)国际化经营战略的类型

表1-13   国际化经营战略的类型

全球化战略	(1)概念：向全世界的市场推广标准化的产品或服务，并在较有利的东道国集中进行生产经营活动，由此形成经验曲线效益和规模经济效益，以获得高额利润 (2)特点：有助于企业实现成本领先 (3)适用：**在成本压力大而东道国市场特殊需求较少的情况下** (4)不适合：当东道国市场具有明确的差异化需求的情况下 (5)优势：优势加强了企业在各个国家之间的统一协调性，能够获取以低成本为基础的竞争优势 (6)局限：因产品或服务的高度标准化，对各个国家市场反应相对迟钝，而忽视或放弃国际市场中的差异化需求，错失市场发展机遇
多国化战略	(1)概念：企业将战略和业务决策权分权到各个东道国的战略业务单元，由这些战略业务单元向本地市场提供本土化的产品 (2)特点：**注重本地顾客的需求** (3)适用：东道国市场强烈要求根据当地需求提供产品或服务时 (4)不适合：企业面临较大的成本压力时 (5)优势：— (6)局限：很难跨国利用和转移公司的资源，不利于实现规模效应及降低成本；多国本土化使得在每一个国家的子公司过于独立，企业最终会失去对子公司的控制
跨国化战略	(1)概念：在全球竞争激烈的情况下，即考虑降低成本形成以经验为基础的成本效益和区位效益，同时注意东道国市场的需要，注重产品的差异化和本土化的经营战略 (2)特点：**业务经营的多样化和各国市场的多样性** (3)适用：— (4)不适合：— (5)优势：可以实现规模经济、适应当地市场、实现全球化学习 (6)局限：劣势主要体现在跨国战略的**可行程度上**

（三）国际市场进入模式

表 1-14　国际市场进入模式

贸易进入模式	(1)概念：企业在国内进行产品生产和加工，再通过国内或国外的中间商向海外市场出口的一种市场进入模式 (2)方式：直接出口和间接出口 (3)特点：比较保守、安全、低成本、高效率以及在人员配置、产品供给和资金运用等方面便于管理 (4)其他： ①在企业还处于规模小、资金缺乏、海外市场经验不足的情况下，是首选的方式 ②由于信息的不对称，不能及时了解和掌握出口国家当地市场的需求；通过出口商或当地代理商不能彻底贯彻厂家的海外市场战略意图；容易受到高关税以及贸易保护主义的损害；运输成本偏高，时间较长
契约进入模式	(1)概念：企业通过与目标市场国家的企业之间订立长期的、非投资性的无形资产转让合作合同或契约而进入目标市场的一种市场进入模式 (2)方式：许可证经营、特许经营、合同制造、管理合同 (3)特点：— (4)其他： ①与贸易进入模式的不同在于契约进入模式下企业输出的是技术、技能和工艺等无形资产，而不仅仅是有形的产品 ②与投资进入模式的区别在于契约进入模式下企业没有投资，因而不涉及股权安排
投资进入模式	(1)概念：企业在国际目标市场投资建立或扩充一个永久性企业，并对其经营管理拥有一定程度的控制权的市场进入模式 (2)方式：合资进入和独资进入 (3)特点：最大特点是股权参与 (4)其他：投资进入模式较多地动用公司资源，在目标国投入的深度和广度大，具有较大的管理难度，较少的灵活性和较大的风险

第四节　企业经营决策

一、企业经营决策的概念、类型、要素、流程

表 1-15　企业经营决策的概念、类型、要素、流程

概念	是指企业通过内部条件和外部环境的调查研究、综合分析，运用科学的方法选择合理方案，实现企业经营目标的整个过程。包含的内容： (1)决策要有明确的目标 (2)决策要有多个可行方案供选择 (3)决策是建立在调查研究、综合分析、评价和选择的基础上的

类型	(1)按影响的时间：长期决策、短期决策 (2)按决策的重要性：总体层决策、业务层决策、职能层决策 (3)按环境要素的可控程度：确定型决策、风险型决策、不确定型决策 (4)按目标的层次性：单目标决策、多目标决策
要素	(1)**决策者**：是企业经营决策的主体，是决策最基本的要素系统中积极、能动也是最为关键的因素，是决策系统的驾驭者和操纵者 (2)**决策目标**：决策目标的确立是科学决策的起点 (3)**决策备选方案**：备选方案的存在是决策的前提 (4)**决策条件**：包括各种资源的供给和限制、各种外部和内部因素的制约 (5)**决策结果**：指决策实施后所产生的效果和影响
流程	(1)确定目标阶段 (2)拟订方案阶段 (3)选定方案阶段 (4)方案实施和监督阶段 (5)评价阶段

二、定性决策方法（即主观决策法）

表 1-16　定性决策方法

头脑风暴法	(1)又称思维共振法，即通过有关专家之间的信息交流，引起思维共振，产生组合效应，从而形成创造性思维 (2)目的：**创造一种畅所欲言、自由思考的氛围，产生更多的创造性思维** (3)优点：对预测有很高的价值 (4)缺点和弊端：受心理因素影响较大，易屈服于权威或大多数人的意见，而忽视少数派的意见
德尔菲法	(1)由**美国兰德公司首创**并用于预测和决策 (2)采用匿名方式征询专家意见，进行决策 (3)关键： ①选择好专家 ②决定恰当的专家人数(10~30人) ③拟订好意见征询表 (4)该方法普遍运用于政府机构、企业及各类组织中
名义小组技术	(1)以一个小组的名义来进行集体决策，而并不是实质意义上的小组讨论，要求每个与会者把自己的观点贡献出来 (2)特点：**背靠背，独立思考** (3)由小组成员对提出的全部观点或方案进行投票，根据投票结果，确定最终的决策方案。但企业决策者最后仍有权决定是否接受这一方案

哥顿法	（1）又称提喻法，该法由美国学者哥顿发明，是一种由会议主持人指导进行集体讨论的定性决策方法 （2）其特点是不让会议成员直接讨论问题本身，而只让其讨论问题的某一局部或某一侧面；或者讨论与问题相似的某一问题；或者用"抽象的阶梯"把问题抽象化后再向与会者提出 （3）优点：将问题抽象化，有利于减少束缚、产生创造性想法 （4）难点：主持者如何引导

三、定量决策方法

表1-17 定量决策方法

确定型决策	（1）含义：在稳定可控条件下进行决策，只要满足数学模型的前提条件，模型就能给出特定的结果 （2）方法：①线性规划法 ②盈亏平衡点法： 含义：又称量本利分析法或保本分析法，是进行产量决策常用的方法 公式：$Q_0 = F/(P-v)$ （其中，Q_0为盈亏平衡点销售量，F为固定成本，P销售单价，v为单位变动成本）
风险型决策	（1）含义：也叫统计型决策、随机型决策，是指已知决策方案所需的条件，但每种方案的执行都有可能出现不同后果，多种后果的出现有一定的概率，即存在着"风险" （2）方法：①期望损益决策法 含义：通过计算各个方案的期望损益值，并以此为依据，选择收益最大或损失最小的方案作为最佳评价方案 步骤：确定决策目标；预测市场状态，估计发生的概率；拟订可行方案；计算收益值或损失值；计算各可行方案的期望损益值；比较各方案的期望损益值，选择最优可行方案； ②决策树分析法
不确定型决策	（1）含义：在决策所面临的市场状态难以确定而且各种市场状态发生的概率也无法预测的条件下所做出的决策 （2）方法： ①乐观原则：在各方案的损益中找出最大者；在所有方案的最大损益值中取最大者 ②悲观原则：在各方案的损益中找出最小者；在所有方案的最小损益值中找最大者 ③折中原则：找出各方案在所有状态下的最小值和最大值；决策者根据自己的风险偏好程度给定最大值系数$\alpha(0<\alpha<1)$，最小值的系数随之被确定为$1-\alpha$；用给定的α和对应的各方案最大最小损益值计算各方案的加权平均值；取加权平均最大的损益值对应的方案为所选方案

不确定型决策	④后悔值原则：计算损益值的后悔值矩阵。方法是用各状态下的最大损益值分别减去该状态下所有方案的损益值，从而得到对应的后悔值；从各方案中选取最大后悔值；在已选出的最大后悔值中选取最小值，对应的方案即为用最小后悔值法选取的方案
	⑤等概率原则：假设各种方案产生的概率相同，通过比较每个方案的损益值的平均值来进行方案的选择

【考点综述】

本章在考试中的分值通常在 19 分左右，主要以单项选择题、多项选择题、案例分析题为主。本章考试的重点内容包括：企业战略的层次、企业战略管理的内涵；企业战略的制定、实施与控制；企业外部和内部环境分析、企业综合分析；基本竞争战略：成本领先战略、差异化战略、集中战略；企业成长战略：密集型成长战略、多元化战略、一体化战略、战略联盟；企业稳定战略、紧缩战略和国际化经营战略；企业经营决策的类型、要素与流程；定性决策方法、定量决策方法。

公司法人治理结构

知识导图

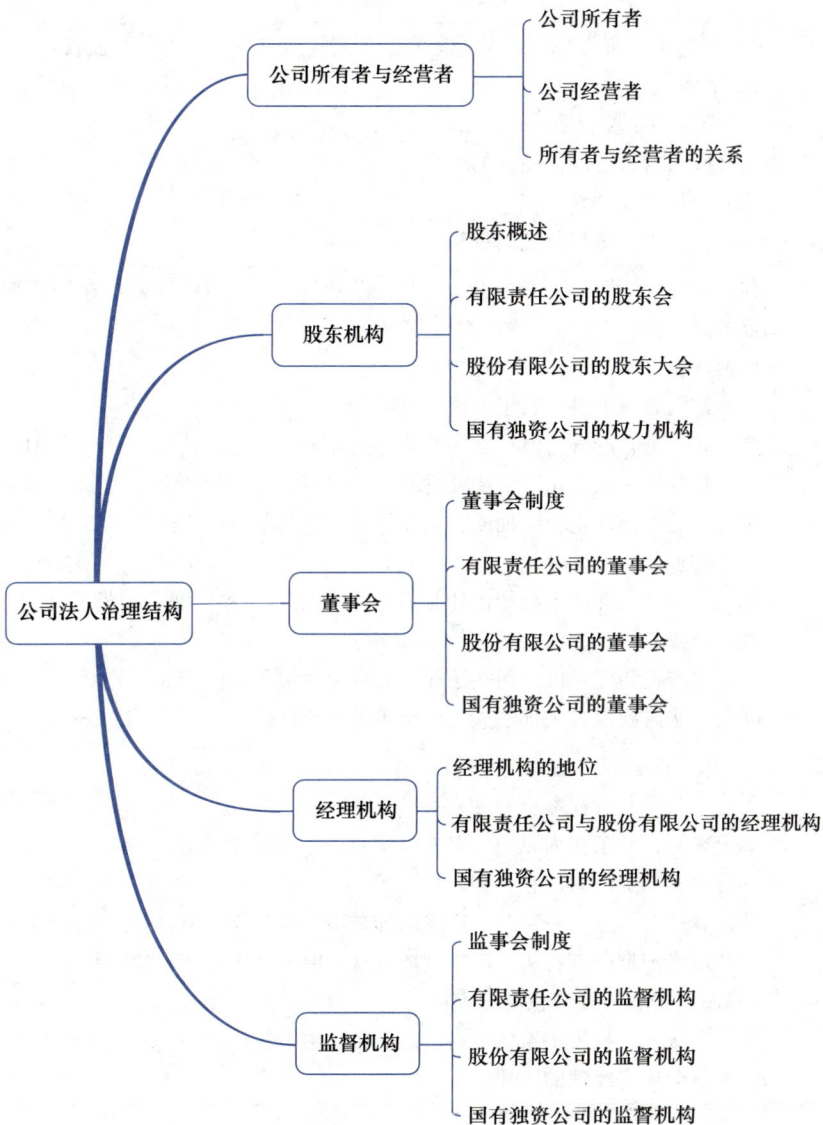

内容精要

第一节　公司所有者与经营者

一、公司所有者

一般而言，所有者是指企业财产所有权（或产权）的拥有者，而所有权或产权是指经济主体对稀缺性资源所拥有的一组权利的集合，包括占有、使用、收益和处置等权利。

表 2-1　公司所有者

原始所有权	（1）概念：出资人（股东）对投入资本的终极所有权，其表现为股权 （2）特点：— （3）股权的主要权限： ①对股票或其他股份凭证的所有权和处分权 ②对公司决策的参与权 ③对公司收益参与分配的权利
法人财产	（1）概念：由出资者依法向公司注入的资本金及其增值和公司在经营期间负债所形成的财产构成 （2）特点： ①从归属意义上讲，属于出资者（股东） ②它和出资者的其他财产之间有明确的界限，公司以其法人财产承担民事责任 ③一旦资金注入公司形成法人财产后，出资者不能再直接支配这一部分财产，正常情况下也不得从企业中抽回，只能依法转让其所持的股份 （3）其他： ①公司对其全部法人财产依法拥有独立支配的权利，即公司拥有法人财产权（或称法人产权） ②公司产权制度是以公司在法律上具有独立法人地位为前提的 ③公司法人要以其全部法人财产承担民事责任
公司财产权能的两次分离	（1）原始所有权与法人产权的分离： ①这是公司所有权本身的分离 ②分离后，股东作为原始所有者保留对资产的价值形态—股票占有的权利；法人则享有对实物资产的占有权利 ③二者的客体是同一财产，反映的却是不同的经济法律关系，原始所有权体现这一财产最终归谁所有；法人产权则体现这一财产由谁占有、使用和处分 （2）法人产权与经营权的分离： ①公司法人产权集中于董事会，而经营权集中在经理手中 ②董事会决定经理的职权

二、公司经营者

表 2-2 公司经营者

含义	在一个所有权和经营权分离的企业中承担法人财产的保值增值责任，对法人财产拥有绝对经营权和管理权，全面负责企业日常经营管理，由企业在经理人市场中聘任，以年薪、股权和期权等为获得报酬主要方式的经营人员
特征	(1)岗位职业化趋势 (2)具有比较深厚的企业经营管理素养，能够引领企业获得良好的业绩 (3)必须具备较强的协调沟通能力 (4)其产生基于有偿雇佣，是公司的"高级雇员"，即受股东委托的企业经营代理人 (5)其权力受董事会委托范围的限制
作用	(1)有利于企业获得关键性资源 (2)有利于企业技术创新能力的增强 (3)有利于企业团队合作能力的培养 (4)有利于完善公司管理制度
素质要求	(1)精湛的业务能力：尤以决策能力、创新能力和应变能力最为重要，其中创新能力是一个经营者的核心能力 (2)优秀的个性品质：应具备理智感和道德观 (3)健康的职业心态：自知和自信、意志和胆识、宽容和忍耐、开放和追求
选择方式	市场招聘和内部提拔并举
激励与约束机制	(1)报酬激励 ①形式：年薪制、薪金与奖金相结合、股票奖励、股票期权等 ②股票奖励是奖金的替代形式，其不同之处在于，其激励动力来自未来的企业经营效益 ③股票期权是一种比较复杂的长期激励形式 (2)声誉激励 (3)市场竞争机制 ①市场竞争机制是企业家激励约束机制的重要组成部分，它包括企业家市场、资本市场和产品市场的竞争 ②市场对企业家的约束和激励体现在：第一，市场竞争机制具有信息显示功能；第二，市场竞争的优胜劣汰机制对经营者位置形成直接的威胁

三、所有者与经营者的关系

1. 所有者与经营者之间的委托代理关系；
2. 股东(大)会、董事会、监事会和经营者之间的相互制衡关系。
3. 股东(大)会、董事会、监事会和经营者之间的相互制衡关系(见下图)。

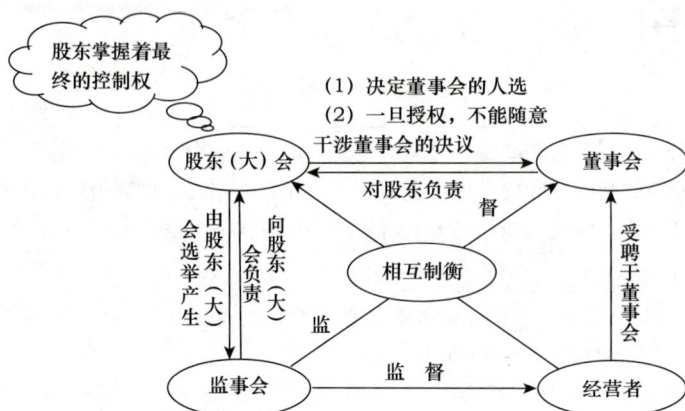

第二节　股东机构

一、股东概述

表2-3　股东概述

含义	指持有公司资本的一定份额并享有法定权利的人
分类和构成	(1)发起人股东与非发起人股东 ①发起人是指参加公司设立活动并对公司设立承担责任的人 ②发起人股东的特点：第一，对公司设立承担责任；第二，股份转让受到一定限制。《公司法》规定发起人持有的本公司股份自公司成立之日起一年内不得转让；第三，资格取得受到一定限制：自然人作为发起人应当具备完全民事行为能力；法人作为发起人应当是法律上不受限制者；发起人的国籍和住所受到一定限制。我国《公司法》规定，设立股份公司，其发起人必须一半以上在中国境内有住所 (2)自然人股东与法人股东 ①自然人和法人均可成为公司股东 ②自然人应当具有完全行为能力 ③在我国，可以成为法人股东的包括企业法人(含外国企业)和社团法人以及各类投资基金组织和代表国家进行投资的机构
法律地位	(1)股东是公司的出资人。公司股东作为出资者按投入公司的资本份额享有所有者的资产收益、参与重大决策和选择管理者等权利 (2)股东是公司经营的最大受益人和风险承担者 (3)股东享有股东权：这是股东最根本的法律特征，是股东法律地位的集中体现 (4)股东承担有限责任：公司以其全部财产对公司的债务承担责任，有限责任公司的股东以其认缴的出资额为限对公司承担责任，股份有限公司的股东以其认购股份为限对公司承担责任 (5)股东平等

权利	(1)股东(大)会的出席权、表决权 (2)临时股东(大)会的召开提议权和提案权 (3)董事、监事的选举权、被选举权：选举管理者是股东权利的重要内容 (4)公司资料的查阅权 (5)公司股利的分配权：通过盈余分配获取股利是股东出资的收益权，是股东权利的核心 (6)公司剩余财产的分配权 (7)出资、股份的转让权 (8)其他股东转让出资的优先购买权 (9)公司新增资本的优先认购权 (10)股东诉讼权：既是股东权利的重要内容，也是股东权利有效行使的保证和救济措施
义务	(1)**缴纳出资义务：股东最重要的义务** (2)以出资额为限对公司承担责任 (3)遵守公司章程：股东最基本的义务 (4)**忠诚义务**：一是禁止损害公司利益；二是考虑其他股东利益；三是谨慎负责地行使股东权利及其影响力

二、有限责任公司的股东会

表2-4　有限责任公司的股东会

性质	由全体股东组成，是公司的**权力机构**
职权	(1)决定公司的经营方针和投资计划 (2)选举和更换非由职工代表担任的董事、监事，决定有关董事、监事的报酬事项 (3)审议批准董事会的报告 (4)审议批准监事会或者监事的报告 (5)审议批准公司的年度财务预算方案、决算方案 (6)审议批准公司的利润分配方案和弥补亏损方案 (7)对公司增加或者减少注册资本做出决议 (8)对公司发行债券做出决议 (9)对公司合并、分立、解散、清算或者变更公司形式做出决议 (10)修改公司章程 (11)公司章程规定的其他职权
种类	(1)**首次会议** 召集：①公司成立后召集的第一次股东会议 ②由出资最多的股东召集和主持 (2)**定期会议** 召集：按照公司章程规定按时召开的股东会会议

种类	（3）**临时会议** 召集：①在两次定期会议之间因法定事由的出现而由公司临时召集的股东会会议 ②召开的情况：代表十分之一以上表决权的股东提议；三分之一以上的董事提议；监事会或不设监事会的公司的监事提议
决议	（1）**普通决议**： ①股东会就公司一般事项所做的决议 ②其形成只需经代表二分之一以上表决权的股东通过 （2）**特别决议**： ①股东会就公司重要事项所作的决议，通常需要以绝对多数表决权通过 ②下列决议的形成必须经代表三分之二以上表决权的股东通过：修改章程；增加或者减少注册资本；公司合并、分立、解散或者变更公司形式

三、股份有限公司的股东大会

表2-5　股份有限公司的股东大会

性质	最高权力机构
职权	（1）享有对公司重要事项的最终决定权。在公司内部，股东大会决议具有最高的效力 （2）在公司组织机构中，**股东大会居于最高层** （3）其职权适用于有限责任公司股东会职权的规定
种类	（1）股东年会 召集：我国《公司法》规定，应当**每年召开一次** （2）临时会议 召集：有下列情形之一的，应当在两个月内召开临时股东大会： ①董事人数**不足**法律规定人数或公司章程所定的**三分之二**时 ②公司未弥补的亏损达实收股本总额二分之**一**时 ③单独或者合计持有公司10%以上股份的股东请求时 ④董事会认为必要时 ⑤监事会提议召开时 ⑥公司章程规定的其他情形 （3）二者召集共同之处： ①监事会不召集和主持的，连续90日以上单独或者合计持有公司10%以上股份的股东可以自行召集和主持 ②股东可以**委托代理人**出席股东大会会议 ③临时提案的提出：单独或者合计持有公司3%以上股份的股东，可以在股东大会召开10日前提出临时提案并书面提交董事会；董事会应在收到提案后两日内通知其他股东，并将该临时提案提交股东大会审议

决议	(1)普通决议：必须经出席会议的股东所持表决权过半数通过 (2)特别决议：必须经出席会议的股东所持表决权的三分之二以上通过 (3)二者决议共同之处： ①一股一权是股份有限公司股东行使股权的重要原则 ②公司持有的本公司股份没有表决权 ③累积投票制：股东大会选举董事或者监事时，每一股份拥有与应选董事或者监事人数相同的表决权，股东拥有的表决权可以集中使用

四、国有独资公司的权力机构

表 2-6　国有独资公司的权力机构

地位和作用	(1)充分发挥国有企业党组织的政治核心作用 (2)进一步加强国有企业领导班子建设和人才队伍建设 (3)切实落实国有企业反腐倡廉"两个责任"
股东会职权在国有独资公司的行使方式	(1)国有独资公司只有一个股东，因此其不设股东会，由国有资产监督管理机构行使股东会的职权 (2)国有资产监督管理机构可以授权公司董事会行使股东会的部分职权，决定公司的重大事项，但公司的合并、分立、解散、增加或者减少注册资本和发行公司债券，必须由国有资产监督管理机构决定 (3)重要国有独资公司合并、分立、解散、申请破产的，应当由国有资产监督管理机构审核后，报本级人民政府批准

第三节　董事会

一、董事会制度

表 2-7　董事会制度

地位	处于公司决策系统和执行系统的交叉点，是公司运转的核心
性质	(1)代表股东对公司进行管理的机构 (2)公司的执行机构 (3)公司的经营决策机构 (4)公司法人的对外代表机构 (5)公司的法定常设机构

会议	（1）形式 ①定期会议：《公司法》对有限责任公司董事会定期会议的召开期限没有规定；但规定股份有限公司董事会定期会议每年度至少召开两次 ②临时会议：股份有限公司召开董事会临时会议的情形：代表十分之一以上表决权的股东、三分之一以上董事或者监事提议时；董事长应当自接到提议后 10 日内，召集和主持董事会 （2）召集和主持 ①由董事长召集和主持 ②召集董事会会议应当于会议召开 10 日前通知全体董事和监事 （3）决议方式 ①两个原则(合称即"董事数额多数决")："一人一票"的原则、多数通过原则 ②我国《公司法》规定，股份有限公司董事会会议应由二分之一以上的董事出席方可举行；董事会做出决议须经全体董事的过半数通过
职权	（1）作为股东机构的常设机关，是股东机构的合法召集人 （2）作为股东会的受托机构，执行股东机构的决议 （3）决定公司的经营要务 （4）为股东机构准备年度财务预算方案、决算方案 （5）为股东机构准备利润分配方案和弥补亏损方案 （6）为股东机构准备增资或减资方案以及发行公司债券的方案 （7）制定公司合并、分立、解散或者变更公司形式的方案 （8）决定公司内部管理机构的设置 （9）决定聘任或者解聘公司经理、副经理、财务负责人，并决定其报酬事项 （10）制定公司的基本管理制度

二、有限责任公司的董事会

表 2-8　有限责任公司的董事会

组成	（1）成员为 3~13 人 （2）两个以上的国有企业或者两个以上的其他国有投资主体投资设立的，其董事会成员中应当有公司职工代表
性质	是执行机构和业务决策机构，对内执行公司业务、对股东会负责，对外代表公司的常设机构
会议	（1）定期会议 （2）临时会议
议事规则	（1）议事方式和表决程序一般由公司章程规定 （2）实行"一人一票"制

任职资格	有下列情形之一的，不得担任公司的董事、监事和高级管理人员： (1)无民事行为能力或者限制民事行为能力 (2)因贪污、贿赂、侵占财产、挪用财产或者破坏社会主义市场经济秩序，被判处刑罚，执行期满未逾 5 年，或者因犯罪被剥夺政治权利，执行期满未逾 5 年 (3)担任破产清算的公司、企业的董事或者厂长、经理，对该公司、企业破产负有个人责任的，自该公司、企业破产清算完结之日起未逾 3 年 (4)担任因违法被吊销营业执照、责令关闭的公司、企业的法定代表人，并负有个人责任的，自该公司、企业被吊销营业执照之日起未逾 3 年 (5)个人所负数额较大的债务到期未清偿
任期	由公司章程规定，但每届任期**不得超过 3 年**，任期届满，连选可以连任
义务	(1)**忠实义务**（"道德标准"）：自我交易之禁止、竞业禁止、禁止泄露商业秘密、禁止滥用公司财产 (2)**注意义务**（"称职标准"）
职权	(1)召集股东会会议，并向股东会报告工作 (2)执行股东会的决议 (3)决定公司的经营计划和投资方案 (4)制定公司的年度财务预算方案、决算方案 (5)制定公司的利润分配方案和弥补亏损方案 (6)制定公司增加或者减少注册资本以及发行公司债券的方案 (7)制定公司合并、分立、解散或者变更公司形式的方案 (8)决定公司内部管理机构的设置 (9)决定聘任或者解聘公司经理及其报酬事项，并根据经理的提名决定聘任或者解聘公司副经理、财务负责人及其报酬事项 (10)制定公司的基本管理制度 (11)公司章程规定的其他职权

三、股份有限公司的董事会

表 2-9　股份有限公司的董事会

组成	(1)成员为 5~19 人 (2)董事会成员中可以有公司职工代表
性质	公司的经营决策机构，执行股东大会的决议，负责公司的经营决策
会议	(1)定期会议：**每年度至少召开两次会议**，每次会议应当于会议召开 10 日前通知全体董事和监事 (2)临时会议：代表十分之一以上表决权的股东、三分之一以上董事或者监事可以提议召开，董事长应当自接到提议后 10 日内，召集和主持董事会会议

续表

议事规则	（1）会议应有过半数的董事出席方可举行 （2）做出决议必须经全体董事的过半数通过 （3）实行"一人一票"制
任职资格	同"有限责任公司的董事会"内容，此处不赘述
任期	同"有限责任公司的董事会"内容，此处不赘述
义务	同"有限责任公司的董事会"内容，此处不赘述
职权	同"有限责任公司的董事会"内容，此处不赘述

四、独立董事

表 2-10　独立董事

任职资格	（1）应当具有独立性 下列人员不得担任独立董事： ①在上市公司或者其附属企业任职的人员及其直系亲属、主要社会关系 ②直接或间接持有上市公司已发行股份1%以上或者是上市公司前10名股东中的自然人股东及其直系亲属 ③在直接或间接持有上市公司已发行股份5%以上的股东单位或者在上市公司前5名股东单位任职的人员及其直系亲属 ④最近一年内曾经具有前三项所列举情形的人员 ⑤为上市公司或者其附属企业提供财务、法律、咨询等服务的人员 ⑥公司章程规定的其他人员 ⑦中国证监会认定的其他人员 （2）任职条件 ①根据法律、行政法规及其他有关规定，具备担任上市公司董事的资格 ②具有《指导意见》所要求的独立性 ③具备上市公司运作的基本知识，熟悉相关法律、行政法规、规章及规则 ④具有5年以上法律、经济或者其他履行独立董事职责所必需的工作经验 ⑤公司章程规定的其他条件
人数	（1）证监会《指导意见》要求上市公司在 2003 年 6 月 30 日前董事会成员中应当至少包括 1/3 独立董事 （2）独立董事应在董事会中占据多数席位
职权	（1）除具有一般董事的职权外，还具有下列职权： ①重大关联交易应由独立董事认可后，提交董事会讨论 ②向董事会提议聘用或解聘会计师事务所 ③向董事会提请召开临时股东大会 ④提议召开董事会

续表

职权	⑤独立聘请外部审计机构和咨询机构
	⑥可以在股东大会召开前公开向股东征集投票权
	【提示】独立董事行使上述职权应当取得全体独立董事的1/2以上同意
	(2)除履行上述职责外，还应当对以下事项向董事会或股东大会发表独立意见：
	①提名、任免董事
	②聘任或解聘高级管理人员
	③公司董事、高级管理人员的薪酬
	④上市公司的股东、实际控制人及其关联企业对上市公司现有或新发生的总额高于300万元或高于上市公司最近经审计净资产值的5%的借款或其他资金往来，以及公司是否采取有效措施回收欠款
	⑤独立董事认为可能损害中小股东权益的事项
	⑥公司章程规定的其他事项
义务	(1)对上市公司及全体股东负有诚信与勤勉义务
	(2)原则上最多在5家上市公司兼任独立董事

五、国有独资公司的董事会

表2-11　国有独资公司的董事会

特征	(1)它是国有独资公司的执行机构
	(2)我国《公司法》明确了国有独资公司章程的制定和批准机构是国有资产监管机构
	(3)章程制定的两种方式：由国有资产监管机构制定；由董事会制定并报国有资产监管机构委批准
身份	(1)国有资产监管机构的委派
	(2)公司职工代表大会的选举
组成	(1)成员由国有资产监督管理机构委派，但是，董事会成员中应当有公司职工代表，职工代表由公司职工代表大会选举产生，其比例由公司章程规定
	(2)成员为3~13人
任期	每届任期不得超过3年

第四节　经理机构

表2-12　经理机构

经理机构含义、地位	(1)含义：经理又称经理人，是指由董事会做出决议聘任的主持日常经营工作的公司负责人
	(2)地位：
	①由公司章程任意设定，设立后即为公司常设的辅助业务执行机关

经理机构含义、地位	②经理的职权范围通常是来自董事会的授权，只能在董事会或董事长授权的范围内对外代表公司 ③董事会与经理的关系是以董事会对经理实施控制为基础的合作关系。其中，控制是第一性的，合作是第二性的
有限责任公司、股份有限公司与国有独资公司的经理机构	(1)职权 ①主持公司的生产经营管理工作，组织实施董事会决议 ②组织实施公司年度经营和投资方案 ③拟订公司内部管理机构设置方案 ④拟订公司的基本管理制度 ⑤制定公司的具体规章 ⑥提请聘任或者解聘公司副经理、财务负责人 ⑦决定聘任或者解聘除应由董事会聘任或者解聘以外的负责管理人员 ⑧公司章程和董事会授予的其他职权 (2)义务：对公司负有谨慎、忠诚的义务和竞业禁止义务 (3)选任与解聘：董事会 (4)有限责任公司、股份有限公司的责任：赔偿责任 (5)有限责任公司、股份有限公司： ①经理是董事会领导下的负责公司日常经营管理活动的机构 ②《公司法》规定经理有权列席董事会会议 ③对经理的任免及报酬决定权是董事会对经理实行监控的主要手段 ④经理的经营水平和经营能力接受董事会的定期和随时监督 ⑤保住经理职位的唯一途径是提高公司的利润水平，不断增强公司的实力，使公司得以长期稳定地发展 (6)国有独资公司： ①经国有独资监督管理机构同意，董事会成员可以兼任经理 ②经理是必须设置的职务
董事会和总经理的关系	(1)总经理负责执行董事会决议，依照《公司法》和公司章程的规定行使职权，向董事会报告工作，对董事会负责，接受董事会的聘任或解聘、评价、考核和奖励 (2)董事会根据总经理的提名或建议，聘任或解聘、考核和奖励副总经理、财务负责人 (3)董事会可将其职权范围内的有关具体事项有条件地授权总经理处理 (4)不兼任总经理的董事长不承担执行性事务

第五节 监督机构

一、监事会制度

表 2-13 监事会制度

含义	以检查监督公司的财务及业务执行状况为目的而设立的公司机关
性质	(1)公司的监督机关 (2)由股东机构(和职工)选举产生并向股东会负责,是股东意志的直接体现 (3)代表股东对公司经营(公司财务及董事、经理人员履行职责行为)进行监督的机关
监督职能	(1)公司内部的专职监督机构 (2)基本职能是监督公司的一切经营活动,以董事会和总经理为主要监督对象 (3)监督形式多种多样:会计监督和业务监督,事后、事前和事中监督 监事会对经营管理的业务监督包括以下四点: ①通知经营管理机构停止其违规行为 ②随时调查公司的财务状况,审查账册文件,并有权要求董事会向其提供情况 ③审核董事会编制的提供给股东大会的各种报表,并把审核意见向股东大会报告 ④当监事会认为有必要时,一般是在公司出现重大问题的情况下提议召开股东会议

二、有限责任公司、股份有限公司与国有独资公司的监督机构

表 2-14 有限责任公司、股份有限公司与国有独资公司的监督机构

	有限责任公司监督机构	股份有限公司监督机构	国有独资公司监督机构
议事规则	(1)每年至少召开一次会议 (2)可以提议召开临时会议 (3)议事方式和表决程序由公司章程规定	会议分为定期会议和临时会议,定期会议每6个月至少召开一次,临时会议由监事提议召开	—
	会议决议经过半数以上监事通过		
成员	不得少于3人		不得少于5人
组成	(1)成员包括股东代表和适当比例的公司职工代表,其中职工代表的比例不得低于三分之一 (2)监事会主席由全体监事过半数选举产生		(1)成员包括国有资产监督管理机构派出的专职监事和职工代表出任的兼职监事,其中职工代表的比例不得低于三分之一

组成	（3）董事、高级管理人员**不得兼任监事** （4）任期每届为**3年**；任期届满，连选可以连任	（2）监事会主席履行以下职责： ①召集、主持监事会会议 ②负责监事会的日常工作 ③审定、签署监事会的报告和其他重要文件 ④应当由监事会主席履行的其他职责
职权	（1）检查公司财务 （2）对董事、高级管理人员执行公司职务的行为进行监督，对违反法律、行政法规、公司章程或者股东会决议的董事、高级管理人员提出罢免的建议 （3）当董事、高级管理人员的行为损害公司的利益时，要求董事、高级管理人员予以纠正 （4）向股东会会议提出提案（提案权） （5）依照《公司法》的规定，对董事、高级管理人员提起诉讼 （6）提议召开临时股东会会议，在董事会不履行法律规定召集和主持股东会会议职责时召集和主持股东会会议 （7）公司章程规定的其他职权	（6）列席董事会会议，对董事会决议事项提出质询或者建议 （7）发现公司经营情况异常时可以进行调查，必要时可以聘请会计师事务所协助工作 （8）国务院和公司章程规定的其他职权
其他知识	—	（1）由国有资产监督管理机构代表政府派出，对派出机构负责，不受企业控制。也称为外派监事会 （2）派出监事会的目的是从体制上、机制上加强对国有企业的监管，促进企业董事、高级经理人员忠实勤勉地履行职责，确保国有资产及其权益不受侵犯

【考点综述】

本章在考试中的分值通常在 10 分左右，主要以单项选择题、多项选择题为主。本章考试的重点内容包括：公司所有者；公司经营者；有限责任公司和股份有限公司的股东机构、董事会、经理机构和监督机构；国有独资公司的董事会、经理机构和监督机构；股东概述和董事会制度。

第三章

市场营销与品牌管理

■ 知识导图

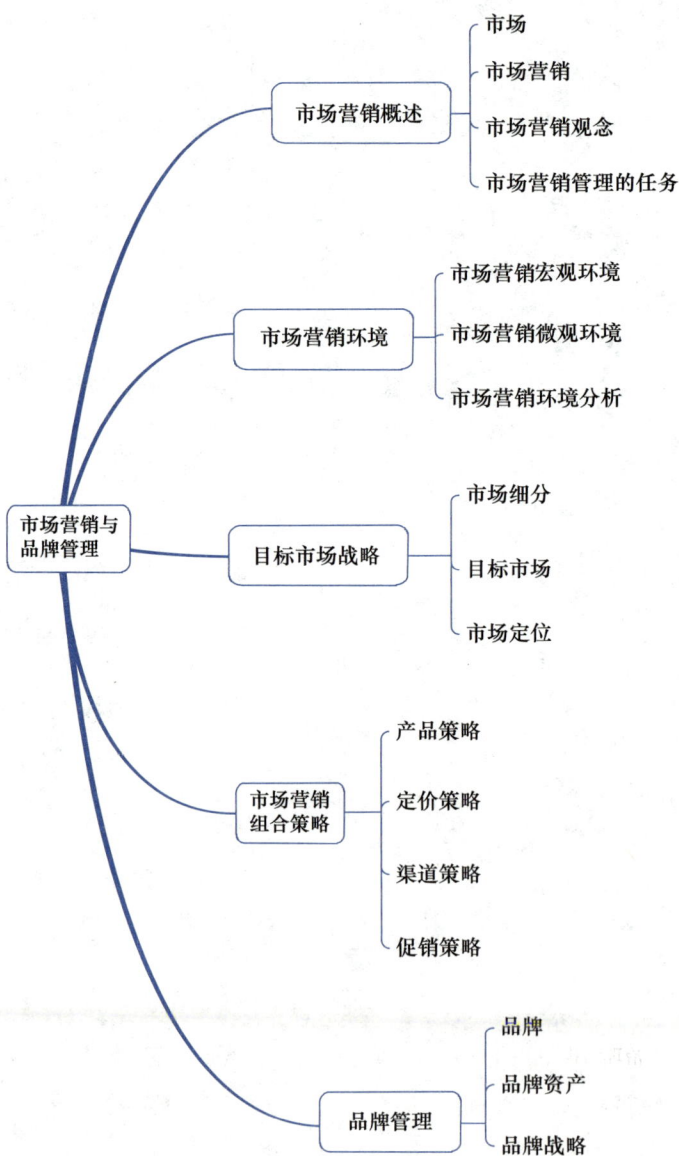

市场营销与品牌管理

- 市场营销概述
  - 市场
  - 市场营销
  - 市场营销观念
  - 市场营销管理的任务

- 市场营销环境
  - 市场营销宏观环境
  - 市场营销微观环境
  - 市场营销环境分析

- 目标市场战略
  - 市场细分
  - 目标市场
  - 市场定位

- 市场营销组合策略
  - 产品策略
  - 定价策略
  - 渠道策略
  - 促销策略

- 品牌管理
  - 品牌
  - 品牌资产
  - 品牌战略

内容精要

第一节 市场营销概述

一、市场和市场营销

表 3-1 市场和市场营销

含义	(1)市场：某种产品或劳务的现实购买者与潜在购买者需求的总和；亦指具有特定需要和欲望，并具有购买力使这种需要和欲望得到满足的消费者群 (2)市场营销：个人和集体通过创造、出售并同别人交换产品和价值，以获得其所需所欲之物的一种社会和管理过程
公式	市场：市场=人口+购买力+购买欲望 (1)人口决定了市场规模的大小 (2)购买力取决于收入的多少、物价的高低、信贷的能力
关系/内容	(1)市场： ①三者互相统一、互相制约 ②人口是构成市场的基本要素 ③在人口状况既定的条件下，购买力是决定市场容量的重要因素之一，市场的大小直接取决于购买力的高低 ④购买欲望是导致消费者产生购买行为的驱动力—愿望和要求，它是消费者将潜在购买力变为现实购买行为的重要条件 (2)市场营销： ①需要、欲望和需求 ②交换和交易 ③关系 ④营销者和预期顾客

二、市场营销观念

表 3-2 市场营销观念

阶段	传统			现代
观念	生产观念	产品观念	推销观念	现代市场营销观念
产生	20 世纪 20 年代前	与生产观念并存	资本主义国家由"卖方市场"向"买方市场"过渡的阶段	—

续表

阶段	传统			现代
主要 表现	"我生产什么，就卖什么"	"只要产品质量好，就一定有销路"	"我推销什么，你就买什么"	(1)"消费者需要什么，我们就生产什么" (2)"市场需要什么，我们就卖什么" (3)"哪里有消费者的需要，哪里就有营销机会"
观点	消费者喜欢那些可以随处买得到而且价格低廉的产品，企业应致力于提高生产效率和分销效率，扩大生产，降低成本以扩展市场	消费者喜欢购买高质量、多功能和具有某种特色的产品，企业应致力于提高产品质量，不断开发新产品	消费者通常不会主动选择和购买某种商品，而只能通过推销的刺激作用，诱导其产生购买行为	是一种以顾客的需要和欲望为导向的市场营销管理哲学，以整体营销为手段
其他 知识	一种重生产、轻市场营销的观念	—	企业只要努力推销某种产品，消费者就会更多地购买该产品	理论基础是"消费者主权论"

三、传统与现代营销观念的比较

表3-3 传统与现代营销观念的比较

	起点	中心	产销关系	手段	目的
传统市场营销观念	工厂	企业擅长的产品	以产定销	推销及促销	通过销售获得利润
现代市场营销观念	市场	顾客需求	以销定产	整体营销	通过满足顾客需求获得利润

四、市场营销管理的任务

表3-4 市场营销管理的任务

需求状况	概念	产生原因	任务
负需求	指绝大多数顾客对某个产品感到厌恶，甚至回避的需求状态	人们对产品的认识和理解产生了偏差	分析产生原因，加强广告说服工作，使顾客改变对产品的认识和理解

需求状况	概念	产生原因	任务
无需求	指顾客对为其设计、提供的产品漠不关心，认为可有可无的需求状态	(1)人们不了解产品 (2)不习惯使用这种产品 (3)认为过去没有这种东西没觉得不好，现在有了也没感觉有太大的变化	采取大力促销及商品演示等市场营销措施，激发消费兴趣
潜伏需求	指消费者对某种产品有强烈的需求，但现实情况下无法实现的状态	—	(1)努力开展市场营销研究和潜在市场范围的测量 (2)开发有效的产品和服务来满足需求 (3)或改变付款形式，或创造消费条件，将潜伏需求转变为现实需求
下降需求	指需求呈下降趋势的状态	—	分析需求下降的原因，在积极开拓新市场的同时，改进原有产品的特色、外观，开发原有产品的新用途或新市场，采用更有效的沟通手段来刺激需求
不规则需求	指某些产品或服务的供给与需求在时间上不一致，波动很大的状态	—	通过灵活的季节差价大力促销、调整经营时间、采用先进的科学技术等手段来调整供给与需求的时间模式，尽量使供给与需求在时间上协调一致
充分需求	指某种产品或服务的目前需求水平和时间与预期的需求水平和时间一致的状态，这是企业最理想的一种需求状态		应努力保持产品质量，经常测量消费者满意程度，通过降低成本来保持合理价格，并激励推销人员和经销商大力推销，千方百计维持现有的需求水平
过量需求	指某种产品或服务的市场需求超过了企业所能供给的水平的状态	—	通过提高价格、减少附加服务和项目等手段暂时限制需求水平
有害需求	指不利于人们身心健康的产品或服务的需求	—	应大力宣传其严重危害性，劝阻消费者放弃这种需求

第二节　市场营销环境

一、市场营销的宏观和微观环境

表 3-5　市场营销的宏观和微观环境

宏观环境	(1)概念：那些给企业带来市场机会和环境威胁的主要社会力量，它是间接影响企业营销活动的各种环境因素之和 (2)构成 ①人口环境：人口是构成市场的第一因素，人口数量直接决定市场规模和潜在容量；要素：人口总量、地理分布、年龄结构、性别结构、民族构成等 ②经济环境：经济环境包括收入因素、消费支出、储蓄与信贷、经济发展水平等；要素：消费者收入，即消费者通过各种来源所获得的货币收入的总和，是形成社会购买力的主要因素。消费者收入包括可支配收入与可任意支配收入、货币收入和实际收入 ③自然环境： 要素：自然资源的短缺、环境污染日益严重、政府对环境的干预日益加强、公众的生态需求和意识不断增加 ④技术环境：技术是一种"创造性的毁灭力量" ⑤政治法律环境 ⑥社会文化环境：要素：民族特征、价值观念、宗教信仰、生活方式、风俗习惯、伦理道德、教育水平、相关群体、社会结构等
微观环境	(1)概念：对企业服务其顾客的能力构成直接影响的各种力量 (2)构成 ①企业自身的各种因素：第一层次：高层管理部门；第二层次：其他职能部门 ②供应者 ③竞争者 ④营销渠道企业：企业主要包括中间商、实体分配机构、营销服务机构和金融机构 ⑤顾客：了解顾客的需求，满足顾客的需求，是企业营销活动的核心 ⑥公众： 外部公众：媒介公众、政府公众、社团公众、金融公众； 内部公众：内部职工、股东及管理者

二、市场营销环境分析

(一)环境威胁矩阵

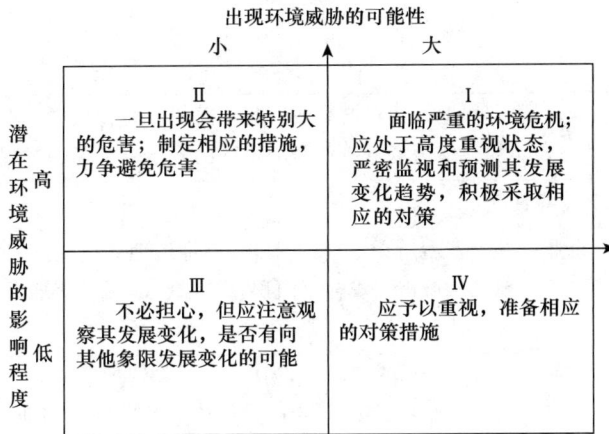

出现环境威胁的可能性

	小	大
潜在环境威胁的影响程度　高	Ⅱ 一旦出现会带来特别大的危害；制定相应的措施，力争避免危害	Ⅰ 面临严重的环境危机；应处于高度重视状态，严密监视和预测其发展变化趋势，积极采取相应的对策
低	Ⅲ 不必担心，但应注意观察其发展变化，是否有向其他象限发展变化的可能	Ⅳ 应予以重视，准备相应的对策措施

(二)市场机会矩阵

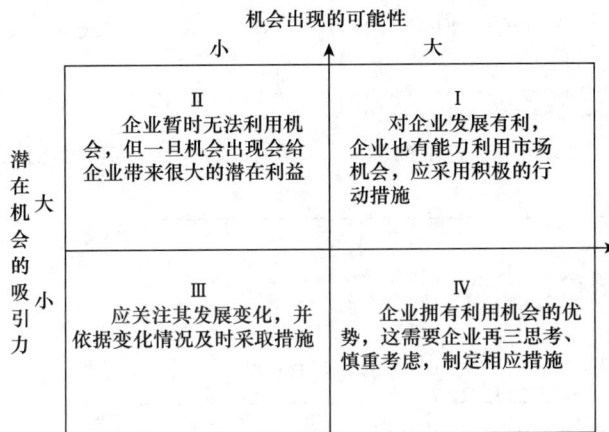

机会出现的可能性

	小	大
潜在机会的吸引力　大	Ⅱ 企业暂时无法利用机会，但一旦机会出现会给企业带来很大的潜在利益	Ⅰ 对企业发展有利，企业也有能力利用市场机会，应采用积极的行动措施
小	Ⅲ 应关注其发展变化，并依据变化情况及时采取措施	Ⅳ 企业拥有利用机会的优势，这需要企业再三思考、慎重考虑，制定相应措施

(三)威胁—机会综合分析

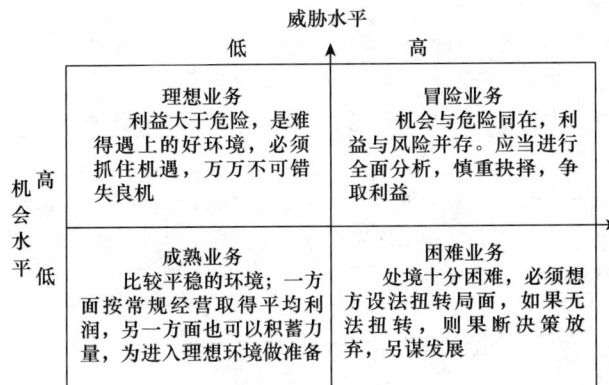

威胁水平

	低	高
机会水平　高	理想业务 利益大于危险，是难得遇上的好环境，必须抓住机遇，万万不可错失良机	冒险业务 机会与危险同在，利益与风险并存。应当进行全面分析，慎重抉择，争取利益
低	成熟业务 比较平稳的环境；一方面按常规经营取得平均利润，另一方面也可以积蓄力量，为进入理想环境做准备	困难业务 处境十分困难，必须想方设法扭转局面，如果无法扭转，则果断决策放弃，另谋发展

第三节 目标市场战略

一、市场细分

表3-6 市场细分

含义	企业通过市场调研，根据顾客对产品或服务不同的需要和欲望，不同的购买行为与购买习惯，把某一产品的整体市场分割成需求不同的若干个市场的过程
基础	消费需求的差异性
地理细分	(1)含义：企业按照消费者所在地理位置以及其他地理变量进行细分 (2)变量：国家、地区、城市、农村、面积、气候、地形、交通条件、通信条件、城镇规划
人口细分	(1)含义：企业按照人口变量来细分市场 (2)变量：人口总数、人口密度、家庭户数、年龄、性别、职业、民族、文化、宗教、国籍、收入、家庭生命周期
心理细分	(1)含义：按照消费者的生活方式、个性等心理变量来细分市场 (2)变量：个性、购买动机、价值取向、对商品和服务方式的感受或偏爱、对商品价格反应的灵敏度
行为细分	(1)含义：按照行为变量来细分市场 (2)变量：购买时机、追求的利益、使用者状况、忠诚程度、使用频率、待购阶段和态度

二、目标市场概念、模式

表3-7 目标市场概念、模式

概念	企业决定要进入的市场，即通过市场细分，被企业选中，并决定以企业的营销活动去满足其需求的一个或几个细分市场
模式选择	(1)产品/市场集中化 ①企业的目标市场无论是从市场(顾客)或是从产品角度，都是集中于一个细分市场，企业只生产或经营一种标准化产品，只供应某一顾客群 ②可以使企业集中力量在一个子市场上，占有较高的市场占有率；风险同样较大 (2)产品专业化 ①企业向各类顾客同时供应某种产品，在质量、款式、档次等方面都会有所不同 ②可以分散风险，有利于企业发挥生产、技术潜能，而且可以树立产品品牌的形象；会受潜在的替代品和新产品的威胁

模式选择	（3）**市场专业化** ①企业向同一顾客群提供性能有所区别的产品 ②既可以分散风险，又可在一类顾客中树立良好形象 （4）**选择性专业化** ①企业有选择地进入几个不同的细分市场，为不同顾客群提供不同性能的产品 ②所选市场具有相当的吸引力，也可以较好地分散企业的风险 （5）**全面进入** ①企业全方位进入各个细分市场，为所有顾客提供全心全意所需要的性能不同的系列产品 ②资金雄厚的大企业宜采用

三、目标市场的策略

表 3-8　目标市场的策略

无差异营销策略	（1）**概念**：企业把整体市场看作一个大的目标市场，忽略消费者需求存在的不明显的微小差异，只向市场投放单一的商品，设计一种营销组合策略，通过大规模分销和大众化的广告，满足市场中绝大多数消费者的需求 （2）**优点**：降低了营销成本，节省了促销费用 （3）**缺点**：长期使用必然导致一部分差异性需求得不到满足 （4）区别：不进行市场细分；最终满足的都是全部市场需求
差异性营销策略	（1）**概念**：企业按照对消费者需求差异的调查分析，将总体市场分割为若干个子市场，从中选择两个乃至全部细分市场作为目标市场，针对不同的子市场的需求特点，设计和生产不同产品，并采用不同的营销组合，分别满足不同需求 （2）**优点**：能够较好地满足不同消费者的需求，增加企业对市场的适应能力和应变能力；减少了经营风险 （3）**缺点**：生产的成本和宣传费用开支会大量增加，受到企业资源的限制 （4）区别：在市场细分的基础上进行；最终满足的都是全部市场需求
集中性营销策略	（1）**概念**：企业在市场细分的基础上，选择一个或几个细分市场作为目标市场，制定营销组合方案，实行专业化经营，把企业有限的资源集中使用，在较小的目标市场上拥有较大的市场占有率 （2）**优点**：有利于企业在市场上追求局部优势 （3）**缺点**：由于目标市场比较单一和窄小，企业如果无法随机应变，就有可能造成巨大的损失 （4）区别：在市场细分的基础上进行；最终满足的只是局部市场需求

四、市场定位

表 3-9　市场定位

概念	企业根据竞争者现有产品在市场上所处的位置，针对该产品某种特征或属性的重要程度，塑造出本企业产品与众不同的个性或形象，并把这种形象传递给消费者，从而使该产品在目标市场上确定适当的位置
实现	为产品创立鲜明的特色或个性，塑造出独特的市场形象
策略	(1) 避强定位策略：避免与竞争者直接对抗，将本企业的产品定位于市场的某处"空隙"或薄弱环节，发展目标市场上没有的产品，开拓新的市场领域 (2) 迎头定位策略 ①与最强的竞争对手"对着干"的定位策略 ②采用该策略的企业应具有比竞争对手强的实力 (3) 重新定位策略 ①竞争者的产品定位于本企业产品的附近，侵占本企业的部分市场时采用 ②消费者及用户偏好发生了变化，转移到竞争者的产品上时采用

第四节　市场营销组合策略

一、产品的层次

表 3-10　产品的层次

核心产品	(1) 概念：产品向消费者或用户提供的基本效用或利益 (2) 地位：消费者购买产品的本质所在 (3) 举例：购买化妆品的消费者购买到的并不仅仅是化妆品的物理化学属性及其实体，还买到了美容或滋养皮肤、青春健康的希望
有形(形式)产品	(1) 概念：产品构成中能被消费者直接观察和识别到的外观特征和内在质量方面 (2) 地位：是产品核心层的表现形式，是产品差异化的标志，是消费者相同需求的不同满足方式 (3) 举例：产品的包装、质量、品牌、特色和设计等
附加(扩展)产品	(1) 概念：消费者购买有形产品或无形服务时所获得的全部附加服务和利益 (2) 地位：不仅是扩大产品销售的要求，也是企业当前和未来参与竞争的重要手段 (3) 举例：提供信贷、免费送货、质量保证、安装、售后服务、培训、使用指导、修理维护、备件供应等

二、产品组合策略

表 3-11　产品组合策略

概念	企业所生产或销售的全部产品线、产品项目的组合，又称产品的各种品种的搭配，亦称企业的经营范围和结构
维度	(1)宽度：指企业所经营的不同产品线的数量 (2)长度：指产品组合中所包含的产品项目的总数 (3)深度：指产品线中每种产品有多少花色品种、规格等 (4)关联度：指企业的各条产品线在最终使用、生产条件、分销渠道等方面的密切相关程度
扩大产品组合策略	(1)方法：增加产品组合的宽度；增加产品组合的长度及深度 (2)内容：在原产品组合中增加一个或几个产品大类，扩大经营范围；在原有产品大类内增加新的产品项目
缩减产品组合策略	(1)方法：减少产品组合的宽度、长度及深度 (2)内容：取消一些需求疲软或者企业营销能力不足的产品线和产品项目等
产品线延伸策略	(1)向上延伸：在企业原有产品档次的基础上增加高档产品的生产 (2)向下延伸：在企业原有产品档次的基础上增加低档产品的生产 (3)双向延伸：在原有档次的基础上，既增加高档产品的生产又增加低档产品的生产
产品线现代化策略	(1)方法：应用现代科学技术 (2)内容：把现代科学技术应用到生产过程中去，这要求企业对产品线实施现代化改造，如设备更新

三、产品生命周期策略

表 3-12　产品生命周期策略

| 产品介绍期 | (1)概念：产品试制成功投放到市场的试销阶段
(2)特征：
①消费者对产品不甚了解，需求不大，销售额增长缓慢
②产品生产批量小，生产成本较高
③由于市场不了解产品，企业需要做大量的促销工作，故销售费用较高
④由于以上原因，企业经营利润微弱甚至亏损
⑤产品刚刚面市，所以市场上竞争者不多，仿制品少
(3)策略重点：以迅速建立产品知名度为核心，尽可能在充分展示产品给消费者能够带来的基本利益的前提下，使市场迅速接受该产品，缩短消费者的了解过程，快速占领市场 |

续表

产品成长期	（1）概念：产品试销成功后，在市场营销中处于发展上升的阶段 （2）**特征**： ①产品的特点已逐渐为消费者所知，凭印象购买的倾向日渐增多，销售量迅速增加 ②产品已具备大批量生产的条件，生产效率提高，成本降低 ③产品在市场上已被消费者所熟悉，促销费用可以相对减少，销售成本大幅度下降 ④企业扭亏为盈，利润迅速上升并达到最高峰 ⑤同行竞争者迅速增加，同类产品出现，产品市场竞争渐趋激烈 （3）策略重点：强化产品的市场地位，建立顾客对品牌的忠诚度，以便扩大市场占有率和防止竞争者加入
产品成熟期	（1）概念：产品在市场上销售量趋于稳定，市场竞争最激烈的阶段 （2）**特征**： ①市场需求量已逐渐趋向饱和，销售量已达到最高点 ②生产批量大，产品成本低 ③由于竞争者的加入，使同类产品大大增加，企业为了促销，而实行一系列促销手段 ④为了增强竞争力，产品的价格会下降，这样使得产品的利润由成长期的最高峰逐步下降 ⑤市场竞争十分激烈 （3）策略重点：要想方设法延长它的时间，在维持相对稳定的销售量和市场占有率的基础上扩大销售，提高市场占有率
产品衰退期	（1）概念：产品销售量急剧下降，逐步被消费者冷落，退出市场的阶段 （2）**特征**： ①产品销售量急剧下降 ②获得的利润很低甚至亏损 ③大量的竞争者退出市场 ④消费者的消费习惯已发生转变 ⑤市场竞争突出地表现为价格竞争 （3）策略重点： ①淘汰策略 ②非淘汰策略

四、产品定价的影响因素、目标、方法

表 3-13　产品定价的影响因素、目标、方法

影响因素	（1）**市场需求**：其为主要因素；影响企业产品价格的上限 （2）**成本**：构成企业产品价格的下限 （3）**市场竞争**

续表

目标	(1)维持企业生存 (2)短期利润最大化 (3)市场占有率最大化：高市场占有率是企业长期盈利的前提 (4)维护企业和产品形象
成本导向定价法	(1)概念：以产品成本为主要依据的定价方法 (2)方法 ①成本加成定价法 产品价格＝产品单位成本×(1+加成率) 单位成本＝单位可变成本+固定成本÷销售量 ②目标利润定价法：也叫做盈亏平衡定价法 目标价格＝单位成本+目标收益率×资本投资额÷销售量 盈亏平衡产量＝固定成本/(目标价格-单位可变成本)
需求导向定价法	(1)概念：以市场上消费者的需求强度和价值感受为基础的定价方法 (2)方法： ①认知价值定价法 关键：如何准确测定买方感受价值的程度；如何利用营销策略去影响买方的感受价值 方法：直接价格评比法、直接认知价值评比法、诊断法 ②需求差别定价法
竞争导向定价法	(1)概念：以市场上相互竞争的同类商品价格为定价基本依据，参考成本和供求状况来确定商品价格 (2)方法： ①随行就市定价法 ②竞争价格定价法 ③密封投标定价法

五、定价策略

(一)新产品定价策略

表3-14　新产品定价策略

撇脂定价策略	(1)概念： ①在新产品上市之初，将价格定得很高，尽可能在短期内赚取高额利润 ②这是一种在短期内追求最大利润的高价策略 (2)条件： ①产品的质量、形象必须与高价相符，且有足够的消费者能接受这种高价并愿意购买 ②产品必须有特色，竞争者在短期内不易打入市场

撇脂定价策略	(3)**优点**：高价格高利润，能迅速补偿研究与开发费用，便于企业筹集资金，并掌握调价主动权 (4)**缺点**： ①定价较高会限制需求，销路不易扩大 ②高价原则会诱发竞争，企业压力大 ③企业新产品的高价高利时期也较短 (5)**适用范围**：仿制可能性较小，生命周期较短且高价仍有需求的产品
市场渗透定价策略	(1)**概念**：这是一种低价策略，新产品上市之初，将价格定得较低，利用价廉物美迅速占领市场，取得较高市场占有率，以获得较大利润 (2)**条件**： ①潜在市场较大，需求弹性较大，低价可增加销售 ②企业新产品的生产和销售成本随销量的增加而减少 (3)**优点**： ①低价能迅速打开新产品的销路，便于企业提高市场占有率 ②低价获利可阻止竞争者进入，便于企业长期占领市场 (4)**缺点**：投资的回收期长，价格变动余地小，难以应付在短期内突发的竞争或需求的较大变化 (5)**适用范围**：—
温和定价策略	(1)**概念**：这是一种中价策略，在新产品上市之初，将价格定在高价和低价之间，力求使买卖双方均感满意 (2)**条件**：— (3)**优点**：既能使企业获取适当的平均利润，又能兼顾消费者的利益 (4)**缺点**：比较保守，不适于需求复杂多变或竞争激烈的市场环境 (5)**适用范围**：—

(二)产品组合定价策略

表3-15 产品组合定价策略

产品线定价	某服装店将高、中、低三种质量男装的价格分别定为1280元、880元和300元，顾客购买时，就会从这三种价位联想到男装的高、中、低三种质量水平
备选产品定价	购车时会选购诸如电子开窗控制器、扫雾器等备选产品，因其不是必买品，但却能满足不同客户的偏好，即使定一个高价，也不会影响汽车的销量
附属产品定价	计算机硬件是主产品(低价)，软件是其附属产品(高价)，因附属产品经常更换，企业可以通过高价的附属产品来获得利润
副产品定价	生产肉类、石油、化工等产品时常常伴有副产品，低价的主产品可以占领更多的市场份额，而高价的副产品，可以获得利润
产品束定价	将几种产品组合在一起，进行低价销售。如电影院销售的年票，其价格就比单次购买的电影票价便宜得多

（三）心理定价策略

表 3-16　心理定价策略

尾数定价策略	(1)定价时，取尾数，而不取整数的定价策略 (2)适用于日常消费品等价格低廉的商品
整数定价策略	多用于价格较贵的耐用品或礼品，以及消费者不太了解的产品
声望定价策略	(1)利用消费者仰慕名牌商品或名店的声望所产生的某种心理来制定商品的价格 (2)首饰、化妆品等宜于采用此法
招徕定价策略	(1)企业利用部分顾客求廉的心理，特意将某几种产品的价格定得较低，以吸引顾客、扩大销售 (2)如某酒店推出的每日一个"特价菜"
分档定价策略	(1)把同类商品比较简单地分为几档，每档定一个价格，以简化交易手续，节省消费者时间 (2)适用于纺织业、水果业、蔬菜业等行业
习惯定价策略	(1)按照消费者的需求习惯和价格习惯定价的技巧 (2)适用于日常消费品

（四）折扣与折让定价策略

表 3-17　折扣与折让定价策略

现金折扣	(1)按约定日期付款的客户给予一定比例的折扣 (2)典型例子：2/10，n/30 (3)目的：鼓励客户提前偿还欠款，加速资金周转，减少坏账损失
数量折扣	(1)典型例子：购货 100 个单位以下的单价是 10 元，100 个单位以上 9 元 (2)实质：将大量购买时所节约费用的一部分返还给购买者 (3)目的：鼓励消费者大量购买或集中购买企业产品，以期与本企业建立长期商业关系
交易折扣	企业根据交易对象在产品流通中的不同地位、功能和承担的职责给予不同的价格折扣
季节折扣	适用于具有明显淡旺季的行业和商品
复合折扣	因竞争加剧而采用多种折扣并行的方法
价格折让	(1)指从目录表价格降价的一种策略 (2)两种形式：促销折让、以旧换新折让

六、渠道策略

表 3-18　渠道策略

分销渠道	(1)概念：指某种货物或劳务从生产者向消费者转移时取得这种货物或劳务的所有权或帮助转移其所有权的所有企业或个人 (2)范围：商人中间商、代理中间商、生产者(起点)、消费者(终点)

分销渠道	(3)类型： ①**零层渠道**：生产者→消费者 ②**一层渠道**：生产者→零售商→消费者 ③**二层渠道**：生产者→批发商→零售商→消费者 ④**三层渠道**：生产者→代理商→批发商→零售商→消费者
渠道商选择策略	(1)**独家分销**：制造商在某一地区只选择一家最适合的中间商专门销售其产品 适用：制造商想要控制自己及经销商的销售权限 (2)**选择分销**：制造商从所有愿意经销其产品的中间商中挑选几个最合适的中间商来销售其产品 适用： ①工业品中专业性较强、用户相对稳定的产品 ②消费品市场中的选购品、耐用消费品、知名品牌的商品等 (3)**密集分销**：制造商通过尽可能多的批发商、零售商推销其产品 适用：消费品中的便利品和工业品中的通用设备
新的市场营销渠道	(1)**垂直营销系统** ①公司式的：希望拥有渠道控制权的企业经常采用 ②管理式的 ③契约式的：近年来发展最快的一种 (2)**水平营销系统**：有人称它为共生市场营销 (3)**多渠道营销系统**
渠道冲突	(1)垂直渠道冲突 (2)水平渠道冲突 (3)多渠道冲突

七、促销策略

表 3-19　促销策略

促销组合	(1)**拉引策略** ①手段：广告与公共关系 ②方法：极力向消费者介绍产品及企业，使他们产生兴趣，吸引、诱导他们来购买 ③应用：针对最终消费者，引导他们购买产品，因而对卖方比较有利，在销售时具有主动性 (2)**推动策略** ①手段：人员推销和销售促进 ②方法：将产品由生产商向批发商推销，再由批发商向零售商推销，最后再由零售商向消费者推销 ③应用：针对渠道成员，引导他们持有产品并推销给最终消费者，因而对买方较为有利

广告及管理	量力而行法、销售百分比法、竞争均势法、目标任务法
人员推销及管理	(1)人员推销是一种极为昂贵的促销方式 (2)工作任务：开拓市场、传递信息、推销产品(最基本职责)、提供服务、协调分配、收集信息
销售促进	常用的：免费赠送、折价券、特价包、有奖销售、商店陈列、现场表演等
公共关系	主要对象是社会公众

第五节　品牌管理

一、品牌、品牌资产

表 3-20　品牌、品牌资产

品牌	含义：用来识别一个(或一群)卖主的产品或服务的名称、术语、记号、象征或设计，或其组合组成： (1)品牌名称：比如"李宁""康佳"； (2)品牌标志：包括符号、图案或专门设计的颜色、字体等
	类型： (1)辐射区域：区域品牌、国内品牌、国际品牌 (2)市场地位：领导型品牌、挑战型品牌、追随型品牌和补缺型品牌 (3)生命周期：新品牌、上升品牌、成熟品牌和衰退品牌 (4)价值指向：功能价值品牌和精神价值品牌 (5)使用主题：制造商品牌和中间商品牌 (6)不同用途：生产资料品牌和生活资料品牌 (7)价格定位：普通品牌(大众品牌)、高档品牌和奢侈品牌 (8)不同属性：产品品牌、企业品牌和组织品牌 (9)知名度：驰名商标、著名商标、名牌产品、优质产品、合格产品、不合格产品 (10)所处行业：有多少种行业，就有多少种行业品牌
品牌资产	(1)**品牌知名度**：消费者对一个品牌的记忆程度 阶段：无知名度、提示知名度、未提示知名度和顶端知名度 (2)**品牌认知度**：消费者对某一品牌在品质上的整体印象 地位：是品牌差异定位和品牌延伸的基础 内涵：功能、特点、可信赖度、耐用度、服务度、效用评价、商品品质和外观 (3)**品牌联想度**：透过品牌而产生的所有联想，是对产品特征、消费者利益、使用场合、产地、人物、个性等等的人格化描述 地位：是经过独特销售主张传播和品牌定位沟通的结果 作用：提供了购买的理由和品牌延伸的依据

品牌资产	（4）**品牌忠诚度**：在购买决策中多次表现出来的对某个品牌有偏向性的（而非随意的）行为反应，也是消费者对某种品牌的心理决策和评估过程 地位：是品牌资产的核心 （5）**品牌其他资产**：品牌有何商标、专利等知识产权，如何保护这些知识产权，如何防止假冒产品，品牌制造者拥有哪些能带来经济利益的资源 举例：如客户资源、管理制度、企业文化、企业形象等

二、品牌战略

表 3-21 品牌战略

含义	企业着力塑造品牌，将品牌作为核心竞争力，用品牌带动企业发展的经营战略
目的	使产品或服务在所属的领域与众不同，以此推动企业的发展
内容	（1）**品牌化决策**：是品牌的属性问题 （2）品牌模式选择：是品牌的结构问题 （3）**品牌识别界定**：是确立品牌的内涵，是品牌战略的重心 （4）品牌延伸规划 （5）品牌管理规划：是从组织机构与管理机制上为品牌建设保驾护航 （6）品牌远景设立
类型	**单一品牌战略** （1）概念： ①又称"统一品牌战略" ②指企业生产经营的所有产品都使用一个品牌 （2）其他知识： ①产品线单一品牌战略：品牌扩张时，使用单一品牌对企业同一产品线上的产品进行扩张 ②跨产品线单一品牌战略：企业对具有相同质量和能力的不同产品类别使用单一品牌战略 ③伞形品牌战略：企业对具有不同质量和能力的不同产品类别使用单一品牌战略 **主副品牌战略** 概念：以一个成功品牌作为主品牌，涵盖企业的系列产品，同时又给不同产品起一个富有魅力的名字作为副品牌，以突出产品的个性形象 **多品牌战略** （1）概念： ①又称"独立品牌战略" ②一个企业同时经营两个以上相互独立的品牌 ③为每一种产品冠以一个品牌名称，或者给每一类产品冠以一个品牌名称 （2）其他知识： ①基本出发点：找到不同的需求并给消费者提供多样的品牌 ②最终目的：用不同的品牌去占有不同的细分市场

【考点综述】

本章在考试中的分值通常在 15 分左右，主要以单项选择题、多项选择题、案例分析题为主。本章考试的重点内容包括：市场营销观念和市场营销管理的任务；市场营销的宏观和微观环境；市场营销环境分析；市场细分、目标市场、市场定位；产品策略、定价策略、渠道策略、促销策略；品牌资产和品牌战略。

第四章

生产管理与控制

知识导图

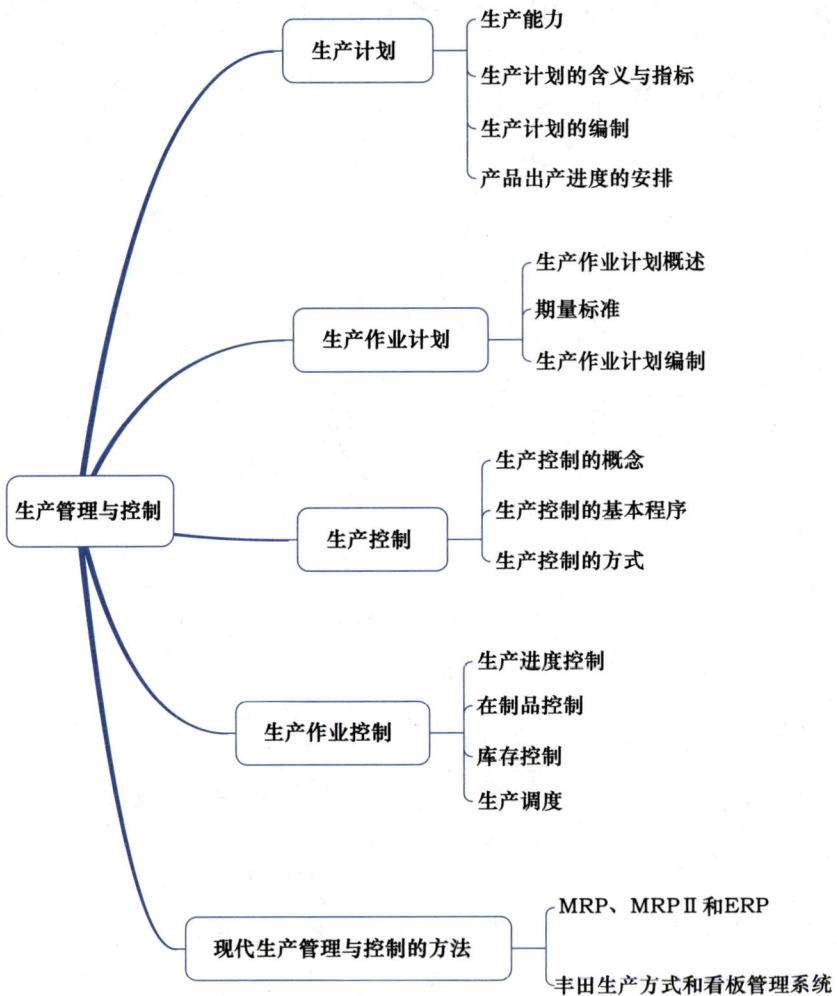

■ 内容精要

第一节 生产计划

一、生产能力的概念、种类及影响因素

表4-1 生产能力的概念、种类及影响因素

概念	(1)生产系统内部各种资源能力的综合反映，直接关系着能否满足市场需要 (2)广义的生产能力是指技术能力和管理能力的综合 (3)狭义的生产能力主要是指技术能力中生产设备、面积的数量、状况等能力 (4)生产能力是反映企业生产可能性的一个重要揣标，包括三个方面的含义： ①企业的生产能力是按照直接参加生产的固定资产来计算的 ②生产能力必须和一定的技术组织条件相联系 ③生产能力反映的是一年内的实物量
种类	(1)设计生产能力 ①概念：搞基本建设时，在设计任务书和技术文件中所写明的生产能力 ②相关内容：是企业在搞基本建设时努力的目标 ③适用：在企业确定生产规模，编制长远规划和确定扩建、改建方案，采取重大技术措施时 (2)查定生产能力 ①概念：企业没有设计生产能力资料或设计生产能力资料可靠性低情况下，根据企业现有的生产组织条件和技术水平等因素，而重新审查核定的生产能力 ②相关内容：为研究企业当前生产运作问题和今后的发展战略提供了依据 ③适用：在企业确定生产规模，编制长远规划和确定扩建、改建方案，采取重大技术措施时 (3)计划生产能力 ①概念：也称现实生产能力，是企业在计划期内根据现有的生产组织条件和技术水平等因素所能够实现的生产能力 ②相关内容：直接决定了近期所做生产计划 ③适用：编制企业年度、季度计划时
影响因素	(1)固定资产的数量 (2)固定资产的工作时间 (3)固定资产的生产效率

二、生产能力的核算

(一)单一品种生产条件下生产能力核算

表4-2　单一品种生产条件下生产能力核算

种类	公式	字母含义
设备组	$M=F \cdot S \cdot P$ 或 $M=\dfrac{F \cdot S}{t}$	M——生产能力 F——单位设备/单位面积/流水线有效工作时间 S——设备数量
作业场地	$M=\dfrac{F \cdot A}{a \cdot t}$	P——产量定额,也称"工作定额" t——时间定额或单位产品占用时间 A——生产面积
流水线	$M=\dfrac{F}{r}$	a——单位产品占用生产面积 r——流水线节拍

(二)多品种生产条件下生产能力核算

在多品种情况下,企业生产能力的计算方法主要有**代表产品法和假定产品法**两种。

三、生产计划的含义与指标

表4-3　生产计划的含义与指标

生产计划	含义:是关于企业生产运作系统总体方面的计划,是企业在计划期应达到的产品品种、质量、产量和产值等生产任务的计划和对产品生产进度的安排
	特征: (1)有利于充分利用销售机会,满足市场需求 (2)有利于充分利用盈利机会,实现生产成本最低化 (3)有利于充分利用生产资源,最大限度地减少生产资源的闲置和浪费
	编制步骤: (1)调查研究 (2)统筹安排,初步提出生产计划指标 (3)综合平衡,编制计划方案 (4)生产计划大纲定稿与报批

生产计划	层次： （1）**中长期生产计划** 地位：是企业中长期发展计划的重要组成部分 计划期：三年或五年 区别：是为开创新局面所制定的生产发展规划 （2）**年度生产计划** 地位：是企业年度经营计划的核心 计划期：一年 区别： ①是考核企业生产水平和经营状况的主要依据 ②是确定企业生产水平的纲领性计划 （3）**生产作业计划** 地位：是企业年度生产计划的具体化，是贯彻实施生产计划、为组织企业日常生产活动而编制的执行性计划 区别：是生产计划的执行性计划
生产计划指标	产品品种指标：其确定首先要考虑市场需求和企业实力，按产品品种系列平衡法来确定
	产品质量指标： (1)是衡量企业经济状况和技术发展水平的重要标志之一 (2)两大类指标：一类是反映产品本身内在质量的指标，主要是产品平均技术性能、产品质量分等；另一类是反映产品生产过程中工作质量的指标，如质量损失率、废品率、成品返修率等
	产品产量指标： （1）**盈亏平衡分析法** ①又称量本利法或保本点法 ②E＝S−（F+vQ） S＝PQ （E 为利润；S 为销售收入；F 为固定成本；v 为单位产品变动成本；Q 为产销量；P 为产品价格） ③公式：盈亏平衡点 Q＝F/（P−v） ④盈亏平衡图[①] （2）**线性规划法**
	产品产值指标： （1）**工业总产值** ①以货币表现的工业企业在报告期内生产的工业产品总量 ②是反映一定时期内工业生产总规模和总水平的指标，是计算企业生产发展速度和主要比例关系、一些经济指标的依据 ③以企业最终成果作为计算依据

生产计划指标	（2）**工业商品产值** 工业企业在一定时期内生产的预定发售到企业外的工业产品的总价值，是企业可以获得的货币收入 （3）**工业增加值** ①企业在报告期内以货币表现的工业生产活动的最终成果 ②以社会最终成果作为计算依据 ③其价值构成是新创造的价值加固定资产折旧

注①：盈亏平衡图

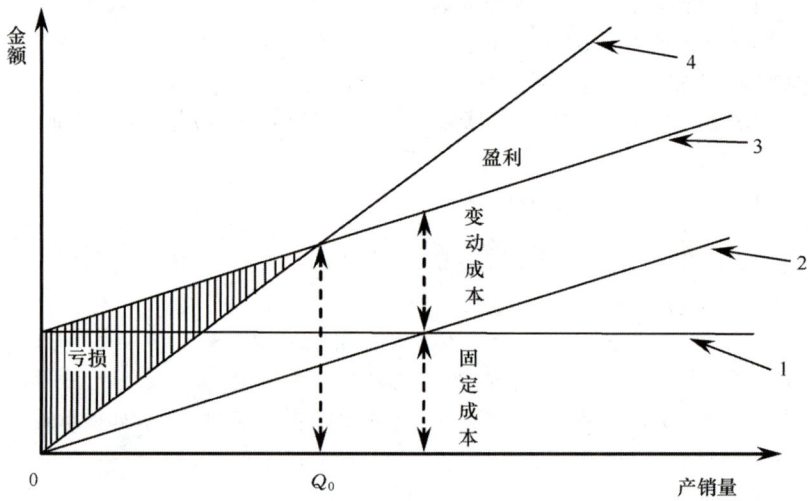

四、产品出产进度的安排

表4-4　产品出产进度的安排

大量大批生产企业	（1）各期产量年均分配法（也叫均匀分配法）：社会对某产品需要比较稳定的情况 （2）各期产量均匀增长分配法：社会对某产品需要不断增加的情况 （3）各期产量抛物线形增长分配法：新产品的开发，且对该产品的需求不断增加的情况
成批生产企业	（1）特点：数量大小不一，品种较多，进度复杂 （2）方法及适用 ①**"细水长流"的方式**：产量较大的产品 ②**集中生产方式**：产量较少的产品 ③**新老产品交替** ④**均衡生产**：精密产品和一般产品、高档产品和低档产品做好搭配
单件小批生产企业	——

第二节 生产作业计划

一、生产作业计划概述、期量标准

表 4-5 生产作业计划概述、期量标准

生产作业计划概述	概念：是生产计划工作的继续，是企业年度生产计划的具体执行计划
	地位：是协调企业日常生产活动的中心环节
	内容： (1)编制企业各个层次的作业计划 (2)编制生产准备计划 (3)计算负荷率，进行生产任务和生产能力之间的细致平衡 (4)日常生产的派工、生产、调度、执行情况的统计分析与控制
	特点： (1)计划期短 (2)计划内容具体 (3)计划单位小
期量标准	大批大量生产企业的期量标准 (1)节拍：大批量流水线上前后两个相邻加工对象投入或出产的时间间隔 (2)节奏：大批量流水线上前后两批相邻加工对象投入或出产的时间间隔 (3)流水线的标准工作指示图表 (4)在制品定额：在一定技术组织条件下，各生产环节为了保证数量上的衔接所必需的、最低限度的在制品储备量
	成批轮番生产企业的期量标准 (1)批量：相同产品或零件一次投入或出产的数量 (2)生产周期：一批产品或零件从投入到产出的时间间隔 (3)生产间隔期：相邻两批相同产品或零件投入的时间间隔或出产的时间间隔 (4)生产提前期：产品或零件在各工艺阶段投入或产出时间与成品出产时间相比所要提前的时间 (5)公式：批量=生产间隔期×平均日产量
	单件小批生产企业的期量标准 (1)生产周期 (2)生产提前期

二、生产作业计划的编制

生产作业计划通常分为许多层次，如厂级生产作业计划、车间级生产作业计划、工段生产作业计划和班组生产作业计划。安排车间生产任务的方法随车间的生产类型和生产组织形式而不同，主要有在制品定额法、提前期法和生产周期法。

表 4-6　生产作业计划编制

在制品定额法 （连锁计算法）	（1）适用：大批大量生产 （2）**公式**： ①本车间出产量＝后续车间投入量＋本车间半成品外售量＋（本车间期末库存半成品定额－本车间期初预计库存半成品结存量） ②本车间投入量＝本车间出产量＋本车间计划允许废品及损耗量＋（本车间期末在制品定额－本车间期初预计在制品结存量） （3）其他：采用工艺反顺序计算方法确定车间投入和出产数量
提前期法 （累计编号法）	（1）适用：成批生产 （2）**公式**： ①本车间投入提前期＝本车间出产提前期＋本车间生产周期 ②本车间出产提前期＝后车间投入提前期＋保险期 ③提前量＝提前期×平均日产量 ④本车间出产累计号数＝最后车间出产累计号＋本车间的出产提前期×最后车间平均日产量 ⑤本车间投入累计号数＝最后车间出产累计号＋本车间投入提前期×最后车间平均日产量 （3）其他：在同一时间上，越是处于生产完工阶段上的产品，其编号越小；越是处于生产开始阶段的产品，其编号越大
生产周期法	适用：**单件小批生产**

第三节　生产控制

表 4-7　生产控制

概念	含义：为保证生产计划目标的实现，按照生产计划的要求，对企业的生产活动全过程的检查、监督、分析偏差和合理调节的系列活动 **广义**：从生产准备开始到进行生产，直至成品出产入库为止的全过程的全面控制。它包括计划安排、生产进度控制及调度、库存控制、质量控制、成本控制等内容 **狭义**：主要指的是对生产活动中生产进度控制，又称**生产作业控制**
目的	**提高生产管理的有效性**，既满足品种、质量、数量和时间进度上的要求，又可按各自标准来消耗活劳动和物化劳动，以及减少资金占用

基本程序	(1)制定控制的标准 ①**类比法**：即参照本企业的历史水平或同行业的先进水平制定标准 ②**分解法**：即把企业层的指标按部门按产品层层分解为一个个小指标，作为每个生产单元的控制目标。这种方法在成本控制中起重要作用 ③**定额法**：即为生产过程中某些消耗规定标准，主要包括劳动消耗定额和材料消耗定额 ④**标准化法**：如国际标准、国家标准、部颁标准，以及行业标准等，在质量控制中用得较多 (2)根据标准检验实际执行情况 ①正偏差表示目标值大于实际值，负偏差表示实际值大于目标值 ②对于产量、利润、劳动生产率，正偏差表示没有达标，需要考虑控制 ③对于成本、工时消耗等目标，正偏差表示优于控制标准 (3)控制决策 分析原因→拟定措施→效果预期分析 (4)实施执行
方式	(1)**事后控制方式(反馈控制)** ①概念：根据本期生产结果与期初所制订的计划相比较，找出差距，提出措施，在下一期的生产活动中实施控制的一种方式 ②控制重点：下一期的生产活动 ③优点：方法简便、控制工作量小、费用低 ④缺点："事后"，本期的损失无法挽回 (2)**事中控制方式** ①概念：通过对作业现场获取信息，实时地进行作业核算，并把结果与作业计划有关指标进行对比分析，其在全面质量管理中得到广泛应用 ②控制重点：当前的生产过程 ③优点："实时"控制，保证本期计划如期完成 ④缺点：控制费用较高 (3)**事前控制方式(前馈控制)** ①概念：在生产活动展开之前就进行针对有关影响因素的可能变化而调整"输入参数"实行调节控制的一种方式 ②控制重点：事前的计划与执行中有关影响因素的预测 ③优点：— ④缺点：—

第四节 生产作业控制

一、生产进度控制

表 4-8 生产进度控制

概述	(1)它是生产控制的基本方面 (2)进度管理的目标是准时生产
目的	依据生产作业计划，检查零部件的投入和出产数量、出产时间和配套性，保证产品能准时装配出厂
内容	(1)投入进度控制：进度控制的第一环节 (2)工序进度控制 (3)出产进度控制
过程	分配作业、测定差距、处理差距、提出报告

二、在制品控制、在制品定额

表 4-9 在制品控制、在制品定额

在制品控制	概念：是企业生产控制的基础工作，是对生产运作过程中各工序原材料、半成品等在制品所处位置、数量、车间之间的物料运转等进行的控制
	工作内容： (1)合理确定在制品管理任务和组织分工 (2)认真确定在制品定额，加强在制品控制，做好统计与核查工作 (3)建立、健全在制品的收、发与领用制度 (4)合理存放和妥善保管在制品
在制品定额	(1)大量流水线生产条件 ①流水线内部的在制品：工艺在制品、运输在制品、周转在制品、保险在制品 ②流水线之间的在制品：运输在制品、周转在制品、保险在制品 (2)成批生产条件 ①车间内部在制品 ②车间之间半成品：周转半成品、保险半成品

三、库存控制

表 4-10 库存控制

概念	对企业生产、经营全过程的各种物品、产成品以及其他资源进行管理和控制，使其储备保持在经济合理的水平上

续表

主要作用	(1)保证企业生产、经营需求的前提下，使库存量经常保持在合理的水平上 (2)适时、适量提出订货，避免超储或缺货 (3)减少库存空间占用，降低库存总费用 (4)控制库存资金占用，加速资金周转
基本方法	(1)定量控制法(订货点法) ①它是连续不断地监视库存余量的变化，当库存量达到某一预定数值(订货点)时，即向供货商发出固定批量的订货请求，经过一定时间(固定提前期)后货物到达，补充库存 ②优点：库存量能得到严格控制，减少积压和紧缺 ③缺点：需要随时检查库存，管理工作量大 (2)定期控制法(订货间隔期法) ①它是每隔一个固定的间隔周期去订货，每次订货量不固定，订货量由当时库存情况确定，以达到目标库存量为限度 ②优点：管理比较简单 ③缺点：与生产现实有时会脱节，明明已缺货了但未到期不能订货，当存货多时还要少量订货，很不经济 (3)帕雷托法(ABC分类法) ①该方法概括为：分清主次、分类管理 ②A类物资：物资品种累计占全部品种5%～10%，而资金累计占全部资金总额70%左右 ③B类物资：物资品种累计占全部品种和资金累计占全部资金总额均为20%左右 ④C类物资：物资品种累计占全部品种70%，而资金累计占全部资金总额10%以下

四、库存的合理控制

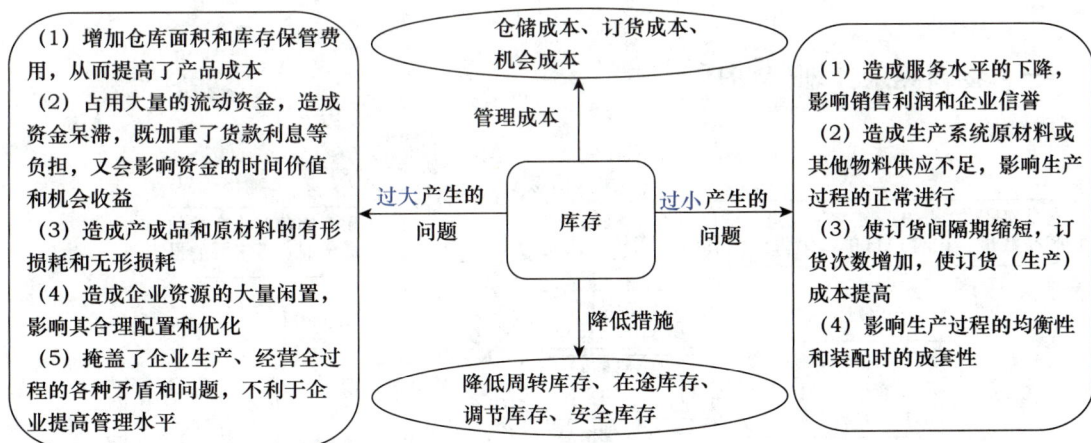

五、生产调度

表 4-11　生产调度

概念	组织执行生产进度计划的工作，对生产计划的监督、检查和控制，发现偏差及时调整的过程
依据	生产进度计划
主要内容	(1)检查、督促和协助有关部门及时做好各项生产作业准备工作 (2)根据生产需要合理调配劳动力，督促检查原材料、工具、动力等供应情况和厂内运输工作 (3)检查各生产环节的零件、部件、毛坯、半成品的投入和出产进度，及时发现生产进度计划执行过程中的问题，并积极采取措施加以解决 (4)对轮班、昼夜、周、旬或月计划完成情况的统计资料和其他生产信息进行分析研究
要求	(1)基本要求：快速和准确 (2)其他要求 ①必须以生产进度计划为依据，这是生产调度工作的基本原则 ②必须高度集中和统一 ③要以预防为主 ④要从实际出发，贯彻群众路线
系统组织	(1)大中型企业：设厂级、车间和工段三级调度 (2)中小型企业：一般只设厂部、车间二级调度
调度制度	值班制度、调度报告制度、调度会议制度、现场调度制度、班前班后小组会制度

第五节　现代生产管理与控制的方法

一、物料需求计划(MRP)

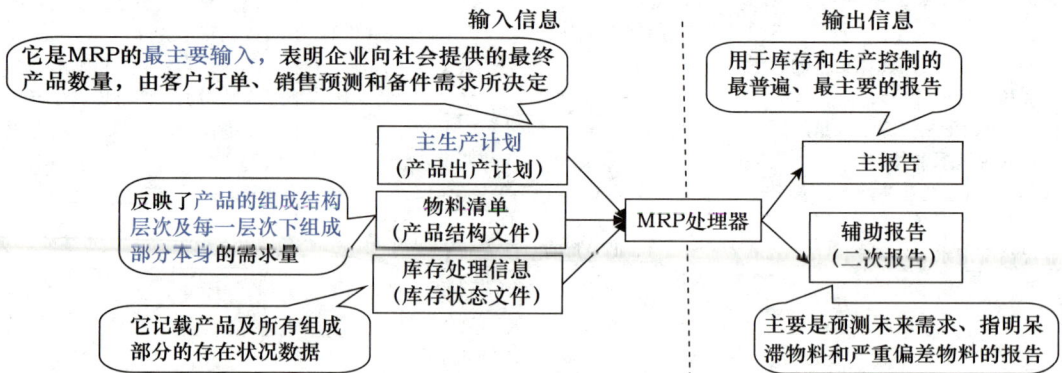

二、制造资源计划（MRPⅡ）、企业资源计划（ERP）

表 4–12　制造资源计划（MRPⅡ）、企业资源计划（ERP）

制造资源计划（MRPⅡ）	提出者：美国著名生产管理专家奥列弗·怀特
	结构： （1）计划和控制的流程系统 （2）基础数据系统 （3）财务系统
	结构特点： （1）计划的一贯性和可行性 （2）数据的共享性 （3）动态的应变性 （4）模拟的预见性 （5）物流和资金流的统一性
	实施阶段： 第一阶段，前期工程 第二阶段，决策工作 第三阶段，实施
企业资源计划（ERP）	含义：指建立在信息技术基础上，以系统化的管理思想，以实现最合理地配置资源、满足市场需求，为企业决策层和员工提供决策运行手段的管理平台
	内容： （1）**生产控制模块**：ERP 的核心模块 （2）**物流管理模块**：实现生产运转的重要条件和保证 （3）**财务管理模块**：信息的归纳者 （4）**人力资源管理模块**
	实施阶段： （1）前期工作阶段 （2）实施准备阶段 （3）试验运行及实用化阶段 （4）更新和升级阶段
	注意事项： （1）**最关键的**：一定要结合企业实际，因地制宜，按照科学发展观组织实施 （2）绝不可超越企业客观现实，做力不从心的工作，要逐步在人力、物力、财力上创造条件，只有这样才能扎扎实实地把 ERP 推行好

续表

二者区别	MRPⅡ： 局限于企业内部资源的配置和管理；应用于企业制造、分销、财务管理；单一生产方式；以企业生产线为主，更加强调事中控制；应用于生产企业的管理 MRP： 扩展到企业外部，体现对整个供应链资源进行管理的思想，管理范围大大加宽；管理功能大大加强；混合型生产方式，体现了精益生产、并行工程、敏捷生产的思想；以企业管理体系为主，突出强调事前控制，使事前控制与事中控制有效结合思想得以实现；应用于生产企业、非生产企业、公益事业的企业
二者联系	MRP 是 ERP 的核心，MRPⅡ是 ERP 的重要组成部分

三、丰田生产方式

表 4-13　丰田生产方式

最基本的理念	从(顾客的)需求出发，杜绝浪费任何一点材料、人力、时间、空间、能量和运输等资源
核心	"准时化生产"
思想和手段	(1) 准时化(JIT) ①本质：一个拉动式的生产系统 ②基本思想：只在需要的时刻，生产需要的数量的所需产品 ③核心：追求一种无库存的生产系统，或使库存达到最小的生产系统 (2) 自动化 ①准时化和自动化是贯穿丰田生产方式的两大支柱 ②它是丰田准时化生产体系质量保证的重要手段 ③两种含义：普通的"自动化"的意思和"自动化缺陷控制" (3) 标准化 ①标准周期时间 标准周期时间＝每日的工作时间/每日的必要产量 ②标准作业顺序 ③标准在制品存量 (4) 多技能作业员 ①或称"多面手" ②它是与设备的单元式布置紧密联系的 (5) 看板管理：它是让系统营运的工具 (6) 全员参加的现场改善活动 ①它是丰田公司强大生命力的源泉，也是丰田准时化生产方式的坚固基石 ②它具有独特的动态自我完善机制 (7) 全面质量管理

四、看板管理

表 4–14　看板管理

基本概念	对生产过程中各道工序生产活动进行控制的信息系统，它是 JIT 生产方式最显著的特点
功能	(1)生产以及运送的工作指令 (2)防止过量生产和过量运送 (3)进行"目视管理"的工具 (4)改善的工具
种类	(1)取料看板：标明了后道工序应领取的物料的数量等信息 (2)生产看板：显示着前道工序应生产的物品的数量等信息
使用规则	(1)不合格不交后道工序 (2)后道工序来取件 (3)只生产后道工序领取的工件数量 (4)均衡化生产 (5)利用减少看板数量来提高管理水平

【考点综述】

本章在考试中的分值通常在 20 分左右，主要以单项选择题、多项选择题、案例分析题为主。本章考试的重点内容包括：生产能力的种类、影响因素和核算；生产计划的含义、指标、编制；期量标准与生产作业计划编制；生产控制的概念、基本程序与方式；生产进度控制、库存控制；MRP、MRP Ⅱ 和 ERP；丰田生产方式和看板管理。

知识导图

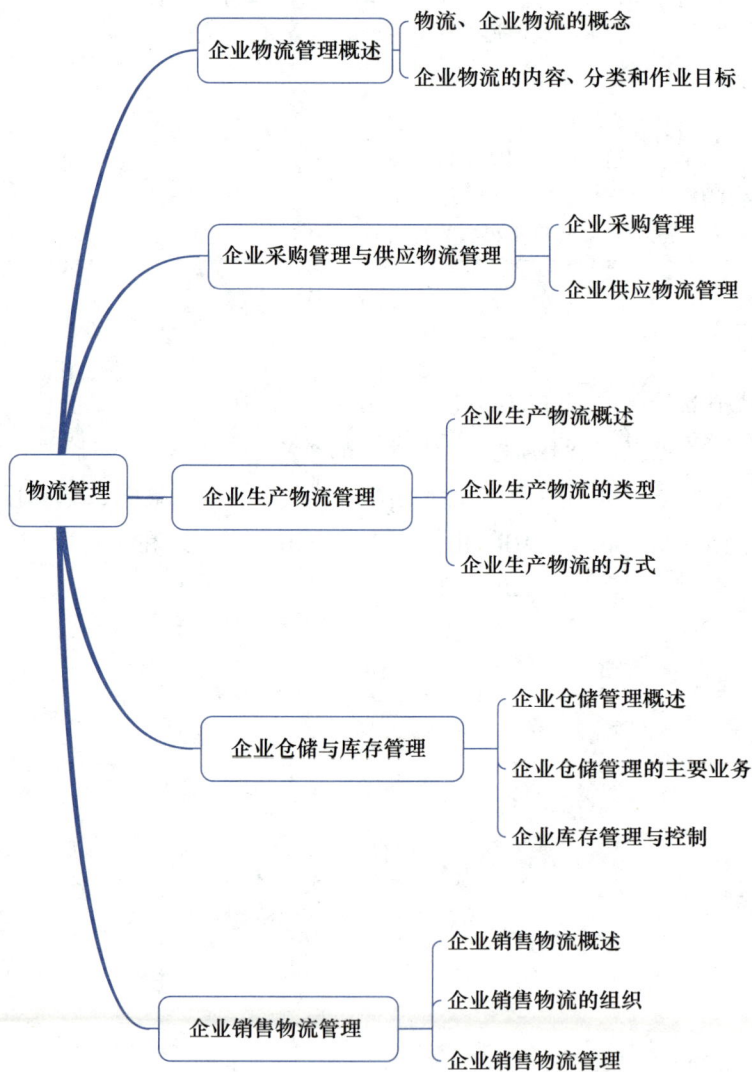

内容精要

第一节　企业物流管理概述

一、物流与企业物流

表 5-1　物流与企业物流

物流	(1)概念：物品从供应地向接收地的实体流动过程 (2)本质：服务 (3)其他： ①是一个物品的实体流动过程 ②在流通过程中创造价值 ③满足顾客及社会性需求
企业物流	(1)概念：主要是指制造业物流，即企业在生产运作过程中，物品从供应、生产、销售到废弃物的回收及再利用所发生的运输、仓储、装卸搬运、包装、流通加工、物流信息传递、配送等多项基本活动 (2)其他： ①是企业生产与经营的组成部分，也是社会大物流的基础 ②是继降低劳动力成本和物资消耗之后的"第三利润源泉"

二、企业物流的内容、分类与作业目标

表 5-2　企业物流的内容、分类与作业目标

内容	(1)运输：是物流的中心环节之一，是物流最重要的一个功能 (2)仓储(保管)： ①在物流系统中起着缓冲、调节和平衡的作用，是物流的另一个中心环节； ②功能：储存和保管的功能；调节供需的功能；调节货物运输能力的功能；配送和流通加工的功能 (3)装卸搬运：是伴随输送和保管而产生的必要物流活动，它本身不产生任何价值 (4)包装 ①被称为生产物流的终点，也是社会物流的起点 ②作用是保护物品，便于处置，促进销售 ③包装材料有容器材料、内包装材料、包装用辅助材料(黏合剂、黏合带、捆扎材料) (5)流通加工 ①是生产加工在流通领域中的延伸，也可以看成流通领域为了更好地服务客户，在职能方面的扩展

续表

内容	②内容一般包括袋装、定量化小包装、拴牌子、贴标签、配货、拣选、分类、混装、刷标记等 ③生产的外延流通加工包括剪断、打孔、折弯、组装、改装、配套以及混凝土搅拌等 (6) **物流信息传递** ①在物流活动中起着神经系统的作用 ②可以划分为三个层次：即管理层、控制层和作业层 (7) **配送**：是按客户的订货要求，在物流据点进行分货、配货，并将配好的货物送交收货人的物流活动
分类	(1) **按性质的不同分为**： ①生产企业物流：工业生产企业物流、农业生产企业物流 ②流通企业物流：批发企业的物流、零售企业的物流(一般多品种零售企业、连锁型零售企业、直销企业)、仓储企业的物流、配送中心的物流、"第三方物流"企业的物流 (2) **按物流活动的主体不同分类**： ①企业自营物流 ②专业子公司物流 ③第三方物流
作业目标	(1) **快速反应**：关系到一个企业能否及时满足顾客服务需求的能力 (2) **最小变异**：使变异减小到最低程度 (3) 最低库存： ①目标涉及资金负担和相应的资金周转速度 ②物料的总成本包括：采购费、库存保管费、缺货损失等 (4) 物流质量：包括流转质量和业务质量标准 (5) 整合运输与配送：运输费用是物流成本中最重要的组成部分，也是"第三利润源泉"的主要组成部分 (6) 产品生命周期不同阶段的物流目标： ①**介绍期**：要有高度的产品可得性和物流的灵活性；物流费用比较高；物流是在充分提供物流服务与回避过度支出物流费用之间进行平衡 ②**成长期**：销售量剧增，物流活动的重点从不惜代价提供所需服务转变为服务和成本的平衡；具有最大的机会去设计物流作业并获取物流利润；只要顾客愿意照价付款，几乎任何水准的物流服务都可能实现 ③**成熟期**：具有激烈竞争的特点，物流活动会变得具有高度的选择性；竞争状况增加了物流活动的复杂性和作业要求的灵活性 ④**衰退期**：企业面临的抉择是在低价出售产品或继续有限配送等可选择方案之间进行平衡；企业一方面将物流活动定位于继续相应的运送活动，另一方面要最大限度地降低物流风险。在二者之中，后者相对显得更重要

第二节　企业采购管理与供应物流管理

一、企业采购管理

表5-3　企业采购管理

含义	为保障企业物资供应而对企业采购活动进行计划、组织、协调和控制的管理活动
特征	(1)从资源市场获取资源的过程 (2)**信息流、商流和物流相结合**的过程 (3)是一种经济活动。科学采购是实现企业经济利益最大化的基本利润源泉
基本作用	将资源从供应商转移到用户的过程
功能	(1)生产成本控制功能:采购成本是企业成本控制的主体和核心,控制采购的原材料及零部件是企业成本控制最有价值的部分 (2)生产供应控制功能 (3)产品质量控制功能 (4)促进产品开发功能
总目标	以最低的总成本提供满足企业需要的物料和服务
基本目标	(1)**确保生产经营的物资需要(最基本的目标)** (2)降低存货投资和存货损失 (3)保证并提高采购物品的质量 (4)发现和发展有竞争力的供应商 (5)改善企业内部与外部的工作关系 (6)有效降低采购成本
原则	(1)适当的**数量**:采购量的大小决定生产与销售的顺畅和资金的调度 (2)适当的**品质** (3)适当的**时间** (4)适当的**价格** (5)适当的**地点**
业务流程	提出采购申请→选择供应商→进行采购谈判→签发采购订单→订单跟踪→物料验收→付款及评价

二、企业供应物流管理

表5-4　企业供应物流管理

概念	是企业物流活动的起始阶段,是指企业生产所需的一切物料在供应企业与生产企业之间流动的一系列物流及其管理活动

基本任务	保证适时、适量、适价，以及齐备成套、经济合理地供应企业生产经营所需要的各种物资，并且通过供应物流活动的科学组织与管理和运用现代物流技术，促进物料的合理使用，加速资金周转，降低产品成本，使企业获得较好的经济效益
基本过程及作用	(1)**取得资源**：是完成所有供应活动的前提条件 (2)**组织到厂物流**：主要工作是运输 (3)**组织厂内物流**：重点在于对物料进行厂内的库存管理和搬运

第三节　企业生产物流管理

一、企业生产物流概述、类型

表5-5　企业生产物流概述、类型

含义	(1)伴随企业内部生产过程的物流活动 (2)从**范围**看：边界始于原材料、外购件的投入，止于成品仓库，贯穿于生产全过程 (3)从**属性**看：是生产所需物料在空间和时间上的运动过程，是生产系统的动态表现 (4)从**研究的内容**看：核心是如何对生产过程的物料流和信息流进行科学的规划、管理与控制
基本特征	(1)连续性、流畅性 (2)平行性、交叉性 (3)比例性、协调性 (4)均衡性、节奏性 (5)准时性 (6)柔性、适应性
管理目标	(1)**效率性**目标 (2)**经济性**目标：是指减少生产物料装运的频率和缩短搬运的距离，降低企业生产物流运作的成本和费用 (3)**适应性**目标
类型	**生产专业化的程度**： (1)大量生产：品种单一，产量大，生产的重复程度高 (2)单件生产：品种繁多，但每种仅生产单位产量，生产重复程度低 (3)成批生产：介于大量生产与单件生产之间，即品种不单一，每种都有一定的批量，生产有一定的重复性

类型	工艺过程的特点： (1)连续型生产物流 ①指物料均匀、连续地按一定工艺顺序运动，在运动中不断改变形态和性能，最后形成产品 ②地理位置集中，生产过程自动化程度高，可以对生产过程实现实时监控，管理重点是保证物料的连续供应和各生产环节的正常运行 (2)离散型生产物流 ①指物料离散地运动，最后形成产品 ②管理较为复杂，重点是保证物料的及时供应，尽量减少在制品库存，减少工序间不必要的等待时间，缩短生产周期 ③例如汽车、计算机、服装等的生产
	物料流经的区域： (1)工厂间物流 (2)工序间物流(即车间物流)：研究的重点是针对工序间物流进行的

二、企业生产物流的方式

(一)不同生产类型下的企业生产物流特征

表 5-6　不同生产类型下的企业生产物流特征

项目型	(1)生产过程的特点 ①物料凝固 ②物料投入大 ③一次性生产 ④生产的适应性强 (2)生产物流的特征 ①物料采购量大，供应商多变，外部物流较难控制 ②生产过程原材料、在制品占用的物流量大 ③物流在加工场地的方向不确定、加工路线变化极大，工序之间的物流联系不规律 ④物料需求与具体产品存在一一对应的相关需求
单件小批量型	(1)生产过程的特点 生产组织粗略分工，专业化程度不高，使用通用设备，效率低，计划工作复杂，例外管理较多，产品的设计工作量较大 (2)生产物流的特征 ①物料需求与具体产品的制造存在一一对应的相关需求 ②物料的消耗只能粗略估计 ③采购物流较难控制

多品种小批量型	(1)生产过程的特点 产品设计要实现系列化，零部件制造实现标准化、通用化，运用柔性制造系统、推行成组技术来提升生产系统的柔性，提高应对外界变化的能力 (2)生产物流的特征 ①一般采用混流生产 ②使用 MRP 实现物料相关需求的计划，以 JIT 实现客户个性化特征对生产过程中物料、零部件、成品需求的拉动 ③物料的消耗定额很容易确定，成本很容易降低 ④外部物流的协调很难控制
单一品种大批量型	(1)生产过程的特点 可采用专用设备、流水线、自动生产线等方式来组织生产，同时实现生产的高效率和低成本 (2)生产物流的特征 ①对物料很容易控制 ②物料的消耗定额能准确制定 ③采购物流容易控制 ④可以使用各种先进的技术设备，提高劳动生产率
多品种大批量型	(1)生产过程的特点 把大批量与定制两个方面有机结合起来，实现了客户的个性化和大批量生产的有机结合 (2)生产物流的特征 ①物流需求容易计划与控制 ②要满足个性化定制要求 ③在物流配送环节，对供应链系统的敏捷性和协调性要求很高 ④产品品种的多样化和数量的规模化，要求全程物流的支持，需建立一个有效的供应链网络

(二)不同生产模式下的企业生产物流管理

表 5-7　不同生产模式下的企业生产物流管理

作坊式手工	(1)产生：16 世纪的欧洲 (2)特点/模式 ①整个管理活动的特点体现为一种经验管理 ②个人的经验智慧和技术水平决定了企业生产物流管理的水平
大批量	(1)产生：19 世纪末至 20 世纪 60 年代 (2)特点/模式：建立在科学管理的基础之上，即事先必须制定物料消耗定额，然后编制各级生产进度计划对生产物流进行控制，并利用库存制度对物料的采购及分配过程进行相应的调节

多品种小批量 （精益生产模式）	(1)产生：20 世纪 70 年代 (2)特点/模式：推进式、拉动式

（三）精益生产模式下的推进式、拉动式

表 5-8　精益生产模式下的推进式、拉动式

模式	推进式	拉动式
核心	MRP 技术	对物流平衡的无限追求
按需生产	做不到	可以真正做到
物流和信息流	完全分离	结合在一起
特点	(1)在管理手段上，大量运用计算机系统 (2)在生产物流的组织上，以物料为中心，强调严格执行计划，维持一定的在制品库存 (3)在生产物流计划编制和控制上，围绕物料转化组织制造资源	(1)以最终用户的需求为生产起点，拉动生产系统各生产环节对生产物料的需求 (2)强调物流平衡，追求零库存，要求上一道工序加工完的零部件立即可以进入下一道工序。生产中的节拍可由人工干预、控制，但重在保证生产中的物流平衡 (3)在生产的组织上，计算机与看板结合，由看板传递后道工序对前道工序的需求信息 (4)将生产中的一切库存视为"浪费"，出发点是整个生产系统，而不是简单地将"风险"看作外界的必然条件，并认为库存掩盖了生产系统中的缺陷

第四节　企业仓储与库存管理

一、企业仓储管理概述

表 5-9　企业仓储管理概述

概念	对仓储设施布局和设计以及仓储作业所进行的计划、组织、协调与控制
功能	(1)供需调节功能 (2)价格调节功能 (3)调节货物运输能力的功能 (4)配送和流通加工的功能
内容	(1)仓库的选址与建筑问题 (2)仓库的机械作业的选择与配置问题 (3)仓库的业务管理问题 (4)仓库的库存管理问题

主要任务	(1) 仓储设施规划和利用 (2) 保管仓储物资 (3) 合理储备材料 (4) 降低物料成本 (5) 重视员工培训，提高员工业务水平 (6) 确保仓储物资的安全

二、企业仓储管理的主要业务

(一)企业仓储管理业务作业流程

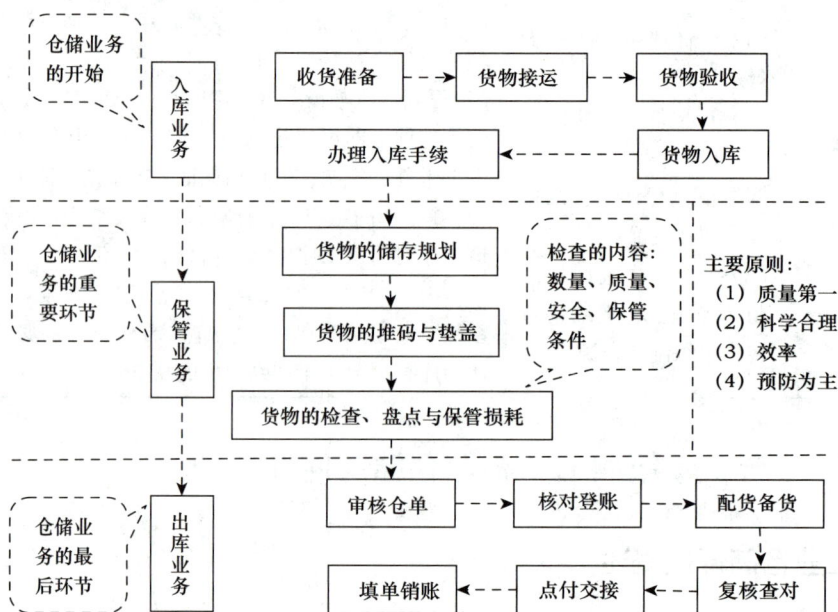

(二)常见的堆码方式

表 5-10 常见的堆码方式

散堆	(1) 适用范围：不用包装的颗粒状、块状的大宗散货 (2) 举例：煤炭、矿砂、散粮、海盐等
货架	(1) 适用范围：存放不宜堆高、需特殊保管存放的小件包装的货物 (2) 举例：小百货、小五金、绸缎、医药品等
成组	举例：托盘、网绳的货物
垛堆	(1) 适用范围：有外包装和不需要包装的长、大件货物 (2) 举例：箱、桶、筐、袋装的货物，以及木材、钢材等

三、企业库存管理与控制

表 5-11 企业库存管理与控制

库存	(1)含义：是指存储作为今后按预定的目的使用而处于闲置或非生产状态的物品 (2)分类： ①按经济用途分类：为商品库存、制造业库存和其他库存 ②按生产过程中的不同阶段分类：为原材料库存、零部件库存、半成品库存和成品库存 ③按库存的目的分类：经常库存、安全库存、生产加工和运输过程的库存、季节性库存 ④按存放地点分类：为库存存货、在途库存、委托加工库存和委托代销库存
库存管理	(1)使命：保证物料的质量，尽力满足用户的需求，采取适当措施，节约管理费用，以便降低成本 (2)意义：能确保物畅其流，促使企业经营活动繁荣兴旺 ①有利于资金周转 ②既有利于进行运输管理，也有助于有效地开展仓储管理工作
经济订货批量模型	(1)假定条件 ①只涉及一种产品 ②年需求量已知，而且在整个周期内是连续的 ③一年之中的需求稳定，需求比例是一个合理的常数 ④各批量单独运送接收 ⑤货物脱销、市场反应速度等其他成本忽略不计 (2)基本模型 经济订货批量 $EOQ = \sqrt{\dfrac{2Dc_0}{c_1}} = \sqrt{\dfrac{2Dc_0}{PH}}$ 其中：c_0——单次订货费 $\quad\quad$ D——货物的年需求量 $\quad\quad$ c_1——单位货物单位时间的保管费 $\quad\quad$ P——货物单价 $\quad\quad$ H——单位保管费率，即单位物料单位时间保管费与单位购买价格的比率 (3)数量折扣下的模型 ①价格的降低通常是离散的或者是跳跃的，不是连续变化的 ②存在数量折扣的情况下，客户的目标是追求总成本最小的订货量

第五节　企业销售物流管理

一、企业销售物流概述

表 5-12　企业销售物流概述

概念	企业在销售过程中，将产品的所有权转移给用户的物流活动，是产品从生产地到用户的**时间和空间转移**
目的	实现企业销售利润
特征	(1)**一体化** (2)**服务性强**
意义	(1)是连接生产企业和终端需求的桥梁 (2)是企业获取利润的源泉

二、企业销售物流的组织

表 5-13　企业销售物流的组织

流程	(1)第一个环节应该是**订单管理** (2)根据销售订单实施其他物流业务
组织与控制	(1)产成品包装：包装是企业生产物流系统的终点，也是销售物流系统的起点 (2)产成品储存 (3)订单管理：**订单准备、订单传输、订单录入、订单履行** (4)企业销售物流渠道的选择 (5)产品配送 (6)装卸搬运

三、企业销售物流管理

表 5-14　企业销售物流管理

目标	(1)在适当的交货期，准确地向顾客发送商品 (2)对于顾客的订单，尽量减少和避免缺货 (3)合理设置仓库和配送中心，保持合理的商品库存 (4)使运输、装卸、保管和包装等操作省力化 (5)维持合理的物流费用 (6)使订单到发货的情报流动畅通无阻 (7)将销售额情报，迅速提供给采购部门、生产部门和销售部门

原则	(1)根据客户所需的**服务特性**来划分客户群 (2)根据客户需求和企业可获利情况设计企业的物流网络 (3)倾听市场的需求信息，及时发现需求变化的早期警报，并据此安排和调整计划 (4)实施**"延迟"策略** (5)与渠道成员建立双赢的合作策略 (6)在整个分销渠道领域构筑高效的信息平台 (7)建立整个销售物流的绩效考核准则，销售物流管理的最终验收标准是客户的满意程度
成本控制	(1)概念：产品空间位移(包括静止)过程中所耗费的各种资源的货币表现 (2)**构成**：人力成本、运输成本、仓储成本、流通加工成本、包装成本、装卸与搬运成本、物流信息和管理费用、资金成本 (3)**管理原则** ①从流通全过程角度：要考虑从产品制成到最终用户整个供应链的物流成本 ②从营销策略的角度：考虑用户的产业特点和运送商品的特性的基础上，与客户充分沟通协调，共同降低物流成本 ③从信息系统的角度：借助现代信息系统的构筑，提高物流作业的准确度和信息的迅速分享，从而从整体上控制物流成本的发生 ④从效率化配送角度：通过高效的信息系统，使配送计划和生产计划、订货计划联系起来，有效地提高车辆的装载率和周转率，从而降低配送成本 ⑤从物流外包的角度：物流外包一定程度可以减少管理成本和管理风险，同时降低投资成本 (4)**控制方法** ①绝对成本控制：把成本支出控制在一个绝对余额以内的控制方式。标准成本和预算控制是主要方法 ②相对成本控制：通过对成本与产值、利润和服务等指标进行对比分析，寻求在一定制约因素下取得最优经济效益的一种控制技术 (5)**控制策略** ①降低运输成本：通过商流和物流的分离使物流途径简短；减少运输次数；提高车辆满载率；设定最低订货量；实行计划运输；开展共同运输；选择最佳运输手段等 ②降低储存成本：减少库存点，维持合理的库存量，提高仓库利用率等 ③降低包装成本：降低包装材料的价格，包装简易化，包装作业机械化等 ④降低装卸成本：减少装卸次数，引进集装箱和托盘，机械化等

四、企业销售物流管理效果的评价

表 5-15 企业销售物流管理效果的评价

效率评价	(1)**单要素投入的效率评价**：如衡量劳动、资本或技术投入在物流行为改善中所起作用的评估 (2)**多要素效率评估**：包括所需全部物资、设备、能量与其他投入

综合绩效评价	（1）**绩效成本指标**： ①局部成本指标 ②全局性的成本指标 （2）**效率评价指标** ①销售物流的合理物流率=（销售物流总完成量-不合理的物流量）÷销售物流总完成量 ②迅速物流及时率=迅速及时完成销售物流量÷销售物流总完成量 ③准确完成物流率=准确无误完成销售物流量÷销售物流总完成量 ④耗损率=耗损量÷销售物流总完成量 ⑤经济效率=销售物流实现利税÷销售物流资金占用 （3）**风险评价指标** （4）**客户满意度评价指标** ①货物到达客户手中的及时率=1-货物没有及时送达客户的次数÷送货总次数 ②货物发送的正确率=货物正确送达客户手中的次数÷送货总次数 ③货物出现损伤的频率=1-货物发送的完好率 ④完成一次销售的周期和时间=订购周期+运输周期+仓储周期 ⑤客户的投诉率=投诉的客户数量÷客户的总数 ⑥问题的处理率=问题得到解决的顾客的数量÷出现投诉的顾客的总数

【考点综述】

本章在考试中的分值通常在 10 分左右，主要以单项选择题、多项选择题为主。本章考试的重点内容包括：企业物流的内容、分类与作业目标；企业采购管理和企业供应物流管理；企业生产物流的概述、类型与方式；企业仓储管理概述与主要业务；企业库存管理与控制；企业销售物流概述、组织与管理。

第六章

技术创新管理

知识导图

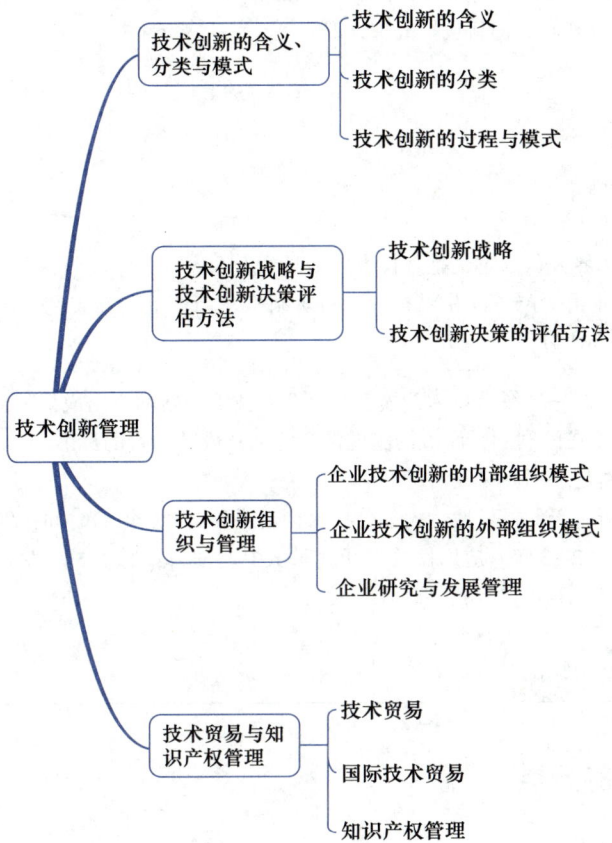

技术创新管理
- 技术创新的含义、分类与模式
  - 技术创新的含义
  - 技术创新的分类
  - 技术创新的过程与模式
- 技术创新战略与技术创新决策评估方法
  - 技术创新战略
  - 技术创新决策的评估方法
- 技术创新组织与管理
  - 企业技术创新的内部组织模式
  - 企业技术创新的外部组织模式
  - 企业研究与发展管理
- 技术贸易与知识产权管理
  - 技术贸易
  - 国际技术贸易
  - 知识产权管理

■■ 内 容 精 要

第一节 技术创新的含义、分类与模式

一、技术创新的含义、特点

表 6-1 技术创新的含义、特点

含义	(1)1912 年，美籍经济学家熊彼特首次提出了"创新"的概念。熊彼特认为，"创新"的目的是获取潜在的利润。创新包括五种情况： ①产品创新 ②工艺创新 ③市场创新 ④资源配置创新 ⑤组织管理创新 (2)我国学术界公认的定义是：技术创新是指企业家抓住市场潜在盈利机会，以获取经济利益为目的，重组生产条件和要素，不断研制推出新产品、新工艺、新技术，以获得市场认同的一个综合性过程
特点	(1)技术创新是一种**经济行为**，核心是企业家技术创新的产出成果是新产品和新工艺等，其目的是获取潜在的利润，而市场实现是检验创新成功与否的标准 (2)技术创新是一项高风险活动 (3)技术创新时间的差异性，大部分技术创新需要 2~10 年的时间；发展性开发属于短期创新，一般需要 2~3 年。应用性技术开发属于中期创新，需要 5 年左右，基础性开发时间可能较长，为 8~10 年 (4)外部性 (5)一体化与国际化

二、技术创新的分类

表 6-2 技术创新的分类

技术创新对象	(1)产品创新 ①是建立在产品整体概念基础上以市场为导向的系统工程，是功能创新、形式创新、服务创新多维交织的组合创新 ②按照技术变化量的大小，可分成： **重大(全新)的产品创新**； **渐进(改进)的产品创新**：如由火柴盒包装箱发展起来的集装箱，由收音机发展起来的组合音响

技术创新对象	③它是企业创新的核心活动，企业创新一般从产品创新开始 （2）工艺创新 ①也称过程创新，是产品的生产技术变革，包括新工艺、新设备和新组织管理方式 ②分类： **重大的工艺创新**：炼钢用的氧气顶吹转炉、钢铁生产中的连铸系统、早期福特公司采用的流水作业生产方式，以及现代的计算机集成制造系统 **渐进式的过程（工艺）创新**：对产品生产工艺的某些改进、提高生产效率的措施，导致生产成本降低的方法
技术创新模式	（1）**原始创新** ①活动主要集中在基础科学和前沿技术领域 ②是为未来发展奠定坚实基础的创新 ③其本质属性是原创性和第一性 （2）**集成创新** ①主体是企业 ②与原始创新的区别：集成创新所应用到的所有单项技术都不是原创的，都是已经存在的，其创新之处就在于对这些已经存在的单项技术按照自己的需要进行了系统集成并创造出全新的产品或工艺 （3）**引进、消化吸收再创新** ①最常见、最基本的创新形式 ②核心概念是利用各种引进的技术资源，在消化吸收基础上完成重大创新 ③与集成创新的相同点在于，都是利用已经存在的单项技术为基础；不同点在于，集成创新的结果是一个全新产品，而引进、消化吸收再创新的结果，是产品价值链某个或者某些重要环节的重大创新 ④是各国尤其是发展中国家普遍采取的方式
技术创新的新颖程度	（1）**渐进性创新** ①是指对现有技术的改进和完善引起的渐进性、连续性的创新 ②在技术原理上没有重大变化，只是根据市场需要对现有产品或生产工艺进行功能上的扩展和改进，如 3M 公司开发生产的小型不干胶便笺、日新月异的家用电器等 （2）**根本性创新** ①是指技术有重大突破的创新，往往与科学上的重大发现相联系 ②是非连续的 ③如信息技术开创的信息时代，使世界变成了"地球村"

三、技术创新的过程与模式

表 6-3　六代模式

	模式	时期	相关知识
第一代	技术推动创新模式	20 世纪 50 年代末至 60 年代中期	(1)基本观点：研究开发是创新构思的主要来源 (2)过程 基础研究 → 应用研究 → 研究开发 → 生产制造 → 市场销售
第二代	需求拉动创新模式	20 世纪 60 年代末至 70 年代初期	(1)市场需求信息是技术创新活动的出发点 (2)企业的策略主要集中于研究市场真正的需求是什么 (3)过程 市场需求 → 应用研究 → 开发研究 → 生产制造 → 市场销售
第三代①	交互作用创新模式	20 世纪 70 年代至 80 年代初期	技术创新是技术和市场交互作用共同引发的
第四代	A-U 过程创新模式	—	(1)总体特征：在产业成长的前期阶段，产品创新比工艺创新活跃，创新成果更多；而在产业成长的后期阶段，则是工艺创新较产品创新有更丰富的成果 (2)三个阶段：不稳定阶段、过渡阶段、稳定阶段
第五代	系统集成和网络创新模式（5IN）	—	(1)是一体化模式的理想化发展 (2)最为显著的特征：它代表了创新的电子化和信息化过程，更多地使用专家系统来辅助开发工作，使用仿真技术逐步取代实物原型
第六代	国家创新体系	—	(1)主要功能：优化创新资源配置，协调国家的创新活动 (2)最早由英国著名技术创新研究专家弗里曼于 1982 年提出 (3)2006 年我国颁布了《国家中长期科学和技术发展规划纲要》：国家创新体系是以政府为主导、充分发挥市场配置资源的基础性作用、各类科技创新主体紧密联系和有效互动的社会系统 (4)现阶段，中国特色国家创新体系建设重点：一是建设以企业为主体、产学研结合的技术创新体系；二是建设科学研究与高等教育有机结合的知识创新体系；三是建设军民结合、寓军于民的国防科技创新体系；四是建设各具特色和优势的区域创新体系；五是建设社会化、网络化的科技中介服务体系

续表

	模式	时期	相关知识
第六代	国家创新体系	—	(5)党的十九大报告指出：深化科技体制改革，建立以企业为主体、市场为导向、产学研深度融合的技术创新体系，加强对中小企业创新的支持，促进科技成果转化

注：①前三种技术创新模式是最常见的，也是企业愿意采用的技术创新模式。

第二节　技术创新战略与技术创新决策评估方法

一、技术创新战略

表 6-4　技术创新战略

含义	是一个国家、地区或者组织在正确分析自身内部条件和外部环境的基础上，所确立的技术创新的总体目标与作出的重点部署，目的是获得竞争优势
特点	(1)全局性 (2)长期性 (3)层次性 (4)风险性
根据企业所期望的技术竞争地位的不同分类	(1)技术领先战略 ①采用该战略，即企业致力于在相关技术领域占据领导地位，要在所有竞争者之前，率先采用新技术，并使新产品最早进入市场，成为同行业的"领头羊"，获取较大的市场占有率和利润 ②该战略对企业的要求较高 (2)技术跟随战略 ①与技术领先战略相对应，技术跟随战略是指企业不图领先，而是在领先者的创新获得进展以后，学习领先者创造的知识，跟在领先者后面进行模仿 ②该战略的优点是企业可以将领先者的技术加以改进后推向市场，甚至只利用领先技术的原理开发出独特的产品，可以避免大量的研发投入 ③随着国内外知识产权保护力度的不断增大，采取这种战略的风险也越来越大，企业在模仿时必须特别注意避免侵权而招致的意外麻烦和损失
根据企业行为方式的不同分类	(1)进攻型战略 ①风险大，但潜在收益高，要求企业具有雄厚的实力和较高的技术水平，投入大量资源，以开展研究开发工作，同时还要有能力及时将研发成果转化为商品，扩大市场份额 ②该战略一般是由具有雄厚研发及资金实力的企业所采用 (2)防御型战略 ①低风险、低收益，强调人有我有，人新我好；不求最新，但求最好，稳扎稳打

根据企业行为方式的不同分类	②要求企业重视技术创新的转移和改进，重视对顾客的技术支持和服务，注重产品细化的市场状况，以低成本、高质量来占领市场，赢得利润 **（3）切入型战略** ①在研发能力和市场竞争能力有限的情况下，这一战略是很有效的，既可以避免领先者的反击，又可占领市场 ②要求企业密切关注、分析竞争者的弱项和自己的相对优势，有能力推出新的技术来取代现有的主导技术，打破现有的技术和市场竞争格局，以求重分市场
根据技术来源的不同分类	**（1）自主创新战略** 概述：要求企业具有较强的研发能力和一定的投资能力，能实现基础研究向应用研究的转化 优点： ①在技术方面，有助于形成较高的技术壁垒，奠定自身的领导地位 ②在生产方面，自主创新企业起步较早，能够较早建立起与新产品生产相适应的核心能力 ③在市场方面，能获得初期的垄断利润，较早建立起销售网络，影响用户的消费行为，影响行业标准的建立 缺点： ①在技术方面，高投入、高风险 ②在生产方面，生产人员必须进行特殊培训，同时要承担新设备、新工艺可靠性的风险 ③在市场方面，必须大量投入进行市场开发，有可能经历"市场沉默期" **（2）模仿创新战略** 两个前提：拥有技术引进的能力、拥有良好的研发能力 优点： ①在技术方面，可向技术先驱学习，有效回避初期研究开发的风险，可进行具有高度集中性、方向性和针对性的研究和开发，成功率较高 ②在生产方面，能够在改进产品性能、完善生产工艺、提高质量、降低成本等方面投入更多的资源，建立竞争优势 ③在市场方面，可以观望市场的发展和演变，选择适当的时机进入市场，避开市场沉默期，享受率先创新者进行市场开拓的溢出利益 缺点： ①在技术方面，只能被动适应，技术积累方面难以进行长远规划，同时会受到技术壁垒的制约 ②在市场方面，市场地位的变换不利于营销渠道的巩固和发展 **（3）合作创新战略** 概述：一般集中在新兴技术和高新技术产业，以合作进行研究开发为主要形式优点： ①有助于合作方实现资源共享、优势互补 ②有助于缩短创新周期，赢得竞争优势 ③能够分摊创新成本，分担创新风险 缺点：合作创新的不确定性更大，管理更为复杂

二、技术创新战略的选择

市场领先与市场跟随是技术创新战略中两种最基本的战略模式。

表6-5 领先战略与跟随战略的基本特征

特征	领先战略	跟随战略
技术来源	自主研发为主	模仿、引进为主
技术开发重点	产品技术	工艺技术
市场开发	开拓一个全新的市场	开发细分市场或挤占他人市场
投资重点	技术开发、市场开发	生产、销售
优势能力特点	技术开发能力	生产销售能力
风险与收益特点	投资大，风险大	风险小，收益小
领先的持久性	技术越不易复制、后续开发越快，领先的持久性就越好，因此具备持续开发能力	争取超越领先者

三、技术创新决策的评估方法

（一）定量评估方法与定性评估方法

表6-6 定量评估方法与定性评估方法

定量评估方法	（1）折现现金流方法 ①投资项目评估中**最常用**的一种方法 ②准则：净现值 NPV 大于 0，项目可行；否则不可行 ③**净现金流 NCF_t=增加的现金收入−当年的投资** （2）风险分析 ①敏感性分析 ②概率分析
定性评估方法	（1）**轮廓图法** ①是评价创新项目的一种非常简单的方法 ②缺点：只能提供每个项目的绩效轮廓，但不能对每个项目给出一个综合性的指标 （2）**检查清单法** ①与轮廓图法类似，都需要首先确定一组评价研发项目的关键因素 ②缺点：没有考虑每个因素的重要程度，比较粗糙 （3）**评分法**：又称多属性分析，是对多个定性指标进行比较、判断、评价和排序的方法 （4）**动态排序列表法**：该方法克服了单独使用一种指标对项目优先权排序的缺点，同时对多个定量或定性的指标进行排序，但是又不像评分法那样复杂和耗时

(二)项目组合评估

常用的项目组合评估方法有矩阵法和项目地图法。

1. 矩阵法

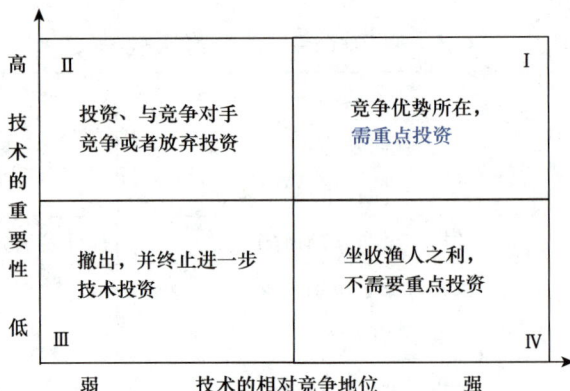

2. 项目地图法

项目地图或气泡图是实践中最为常用的一类图示方法，其中最为常用的图形是风险—收益气泡图。

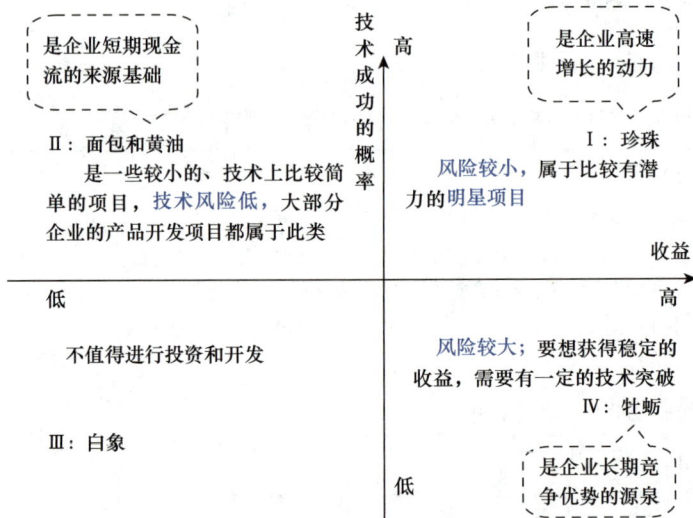

第三节 技术创新组织与管理

一、企业技术创新的内部组织模式

表6-7 企业技术创新的内部组织模式

内企业	(1)概念：内企业家是指企业为了鼓励创新，允许自己的员工在一定限度的时间内离开本岗位工作，从事自己感兴趣的创新活动，并且可以利用企业的现有条件，如资金、设备等

内企业	（2）**相关内容**： ①美国学者吉福德·平肖第三在其《创业者与企业革命》中提出 ②与企业家的根本不同在于，内企业家的活动局限在企业内部，其行动受到企业的规定、政策和制度以及其他因素的限制 ③内企业是结构最为简单、行动最为灵活的创新组织形式，较好地处理了企业制度约束与创新的自由运作这一矛盾
技术创新小组	（1）概念：为完成某一创新项目临时从各部门抽调若干专业人员而成立的一种创新组织 （2）**相关内容**： ①产生于第二次世界大战期间 ②主要特点：针对复杂的技术创新项目中的技术难题或较简单小型的技术项目而成立，组成人员少，但工作效率却很高；组成人员完成创新任务之后就随之解散；开放性组织，成员随着技术项目的需要增加或减少；具有明确的创新目标和任务，企业高层主管对创新小组充分授权，完全由创新小组成员自主决定工作方式；是一种典型的简单矩阵式结构；成员之间不存在严格意义的上下级关系，而是工作中的协作与合作关系，多为扁平型 （3）是一个自由联合体，是最适合中小企业的一种技术创新组织形式 （4）**优点**：淡化了纵向和横向的直线权利制、个人决策变为小组成员共同决策，减少由纵向信息交流所产生的等级影响和横向信息交流障碍导致部门之间的矛盾，小组接近"自由人联合体"更容易具有认同感、归属感、成就感，具有更多的自由意识
新事业发展部	（1）概念：大企业为了开创全新事业而单独设立的组织形式，是独立于现有企业运行体系之外的分权组织 （2）相关内容： ①其拥有很大的决策权，只接受企业最高层的领导 ②一种固定性的组织，多数由若干部门抽调专人组成
企业技术中心	（1）概念：也称技术研发中心或企业科技中心，是企业，特别是大中型企业实施高度集中管理的科技开发组织 （2）相关内容： ①地位：在本企业（行业）的科技开发活动中，起着主导和牵头作用，具有权威性，处于核心和中心地位 ②一般采取矩阵式组织结构 ③**类别**：国家级技术中心、省级技术中心和企业级技术中心

二、企业技术创新的外部组织模式

表6-8　企业技术创新的外部组织模式

产学研联盟	（1）**校内产学研合作模式**：可以达到人才培养、科研发展与经营效益并举的目的 （2）**双向联合体合作模式**：主要形式：技术转让、项目转让、服务咨询、人员培训

产学研联盟	(3)**多向联合体合作模式**： ①三向：技术成果方(高校)、出资方(金融机构或个体资本投资者)与生产经营企业 ②该模式追求的是规模效益,大市场 (4)**中介协调型合作模式**：中介机构,政府的生产力促进中心、高校产业推广服务中心、社会科技推广服务机构以及一些媒体附属的科技成果传播机构
企业—政府模式	(1)政府承担大部分技术所需的资金,企业组织人才技术创新成果归政府所有 (2)政府投资,企业组织人才,进行技术开发,开发出来的先进技术转卖给企业 (3)政府帮助企业技术创新、融资
企业联盟	(1)它是企业——企业模式的主要形式 (2)含义：也称动态联盟或虚拟企业,指的是两个或两个以上对等经济实体,为了共同的战略目标,通过各种协议而结成的利益共享、风险共担、要素双向或多向流动的松散型网络组织体 (3)**主要特点**：目标产品性(最基本的特征)、优势性、动态性(又称临时性)、连接的虚拟性、组织的柔性、结构的扁平性 (4)组织运行模式：**星形模式**、**平行模式**、**联邦模式**

三、企业联盟的组织运行模式对比

表 6-9　企业联盟的组织运行模式对比

模式类型	联盟核心	联盟伙伴	协调机制	适用情形
星形模式	盟主企业	相对固定的伙伴(如供应商)	由盟主负责协调和冲突仲裁	垂直供应链型的企业适宜采用该模式(如耐克模式)
平行模式	无盟主、无核心	伙伴地位平等、独立	自发性协调	适用于某一市场机会的产品联合开发及长远战略合作
联邦模式	核心团队(由具备核心能力的企业联合组成)	外围伙伴与核心层伙伴间的关系一般是技术外包或标准件供应关系	联盟协调委员会	可用于高新技术产品的快速开发

四、企业研究与发展 R&D 管理

（一）R&D 的主要类型、关系

表 6-10　R&D 的主要类型、关系

基础研究	(1)概念：也称纯理论研究,是指认识自然现象、揭示自然规律,获取新知识、新原理、新方法的研究活动,其目的在于认识世界,为推进科技进步进行初步探索 (2)成果：普遍知识、原则或定律

基础研究	(3)其他知识： ①是技术创新的源泉 ②企业的基础研究是定向的
应用研究	(1)概念：为了获得某一具体领域的新知识而进行的创造性研究活动 (2)成果：认识世界、改造世界的科学技术知识 (3)其他知识：具有与产品和工艺相关的特定商业目的
开发研究	(1)概念：也称试验开发与发展，是指应用基础研究和应用研究的成果，开发新产品、新材料、新装置、新方法或为了对现有材料和中间生产做重大改进而进行的系统的创造性改造 (2)其他知识：发展项目一般包括新产品开发与工艺改造两大类
三者关系	(1)三者相辅相成、相互影响、相互促进 (2)基础研究可以促进应用研究和开发研究的发展 (3)应用研究和开发研究不能解决的难题，也会为基础研究提供新的方向，从而促进基础研究更快地发展

（二）企业研发的模式

表 6-11　企业研发的模式

自主研发	(1)优点：企业可以形成自己独特的技术或产品，在市场上拥有竞争力，并对未来技术发展有很大的支持作用。如果商业化成功，可以获得较大的经济利益 (2)缺点：资金负担大，必须投入大量的技术人员 (3)商业化速度：相对来说，商品化的速度慢，影响商业化开发进度 (4)所需资金：需要投入研究经费、人员费、材料费、实验设备等
合作研发	(1)优点：有助于迅速提高企业的技术能力，可分散风险，并在短期内取得经济效果 (2)缺点：存在冲突、技术不相容、诚信等风险 (3)商业化速度：商品化开发速度较快 (4)所需资金：与合作单位共同出资
委托研发 （即研发外包）	(1)优点：不需要企业投入太多的精力 (2)缺点：对提高本企业的技术能力作用不大 (3)商业化速度：依靠有研发优势的机构开发技术，故商品化的速度较快 (4)所需资金：支付给对方研发费用

第四节　技术贸易与知识产权管理

一、技术贸易

（一）技术贸易的含义与特点

1. 含义：指技术供求双方按照一定的商业条件买卖技术的商业行为。

2. 特点：

（1）技术买卖的标的不是有形的商品，而是无形的技术知识；

（2）技术贸易转让的是技术的使用权，而不能转让技术的所有权；

（3）技术出售不是企业的直接目的，只有当企业认为出售技术会比利用这种技术生产产品带来的利润更大时，它才会出售这种技术；

（4）技术贸易比一般商品贸易复杂，尤其是国际技术贸易。

（二）技术合同的类型

表 6-12　技术合同的类型

技术开发合同	（1）概念：同当事人之间就新技术、新产品、新工艺或新材料及其系统的研究开发所订立的合同 （2）分类： ①委托开发合同 含义：委托方与被委托方之间共同就新技术、新产品、新工艺或者新材料及其系统的研究开发所订立的合同 标的：是订立合同时双方当事人尚未掌握的技术成果，风险责任一般由委托方承担 ②合作开发合同 含义：由两个或两个以上的公民、法人或其他组织，共同出资、共同参与、共同研究开发完成同一研究开发项目，共同享受收益、共同承担风险的合同
技术转让合同	（1）概念：合同一方当事人将一定的技术成果交给另一方当事人，而另一方当事人接受这一成果并为此支付约定的价款或费用的合同 （2）分类： ①专利权转让合同：一方当事人（让与方）将其发明创造专利权转让受让方，受让方支付相应价款而订立的合同 ②专利申请权转让合同：一方当事人（让与方）将其特定的发明创造申请专利的权利转让受让方，受让方支付相应价款而订立的合同 ③专利实施许可转让合同 含义：专利权人或者专利权人的授权人作为转让人，许可他人在支付一定的价款后，在规定的范围内实施其专利而订立的合同 分类：独占专利实施许可转让合同、排他专利实施许可转让合同和普通专利实施许可转让合同 ④技术秘密转让合同：一方当事人（让与方）将其拥有的技术秘密提供给受让方，明确相互之间技术秘密使用权和转让权，受让方支付相应使用费而订立的合同
技术咨询合同	（1）概念：一方当事人（受托方）为另一方（委托方）就特定技术项目提供可行性论证、技术预测、专题技术调查、分析评价所订立的合同 （2）最主要的特点：在于其履行的结果具有不确定性
技术服务合同	概念：当事人一方以技术知识为另一方解决特定技术问题所订立的合同，不包括建设工程合同和承揽合同

(三)技术价值的评估方法

表6-13 技术价值的评估方法

评估方法	相关内容	公式	字母含义
成本模型	基本出发点：成本是价格的基本决定因素	$P=\dfrac{(C+V)\beta}{1-\gamma}$	P：技术商品的价格 C：物质消耗 V：人力消耗 β：技术复杂系数（$\beta>1$） γ：风险概率（失败概率）
市场模拟模型	参照市场上已交易过的类似技术的价格，进行适当的修正	$P=P_0\times a\times b\times c$	P：技术商品的价格 P_0：类似技术实际交易价格 a：技术经济性能修正系数 b：时间修正系数 c：技术寿命修正系数
效益模型	基本思路：按技术所产生的经济效益来估算技术的价值	$P=\displaystyle\sum_{t=1}^{n}\dfrac{B_t}{(1+i)^t}$	P：技术商品的价格 B_t：第 t 年被评估技术所产生的经济效益 i：折现率 n：被评估技术的寿命

二、国际技术贸易

(一)国际技术贸易的内容

表6-14 国际技术贸易的内容

专利	(1)含义：由政府机构或代表几个国家的地区机构根据申请而发给的一种文件，文件中说明一项发明并给予它一种法律上的地位，即此项得到专利的发明，通常只能在专利持有人的授权下，才能予以利用(制造、使用、出售、进口) (2)相关内容： ①三层意思：专利证书、专利发明或专利技术、专利权 ②在我国，专利权是以申请在先原则授予的
商标	(1)含义：商品生产者或经营者为了使自己的商品同他人的商品相区别而在其商品上所加的一种具有显著性特征的标记 (2)相关内容： ①常见的商标是文字商标和图形商标 ②分为三类：制造商标、商业商标和服务商标

续表

工业产权	(1)含义：法律赋予产业活动中的知识产品所有人对其创造性的智力成果所享有的一种专有权 (2)相关内容：知识产权分为：工业产权(专利权、商标权)、版权
专有技术	(1)含义：在实践中已使用过了的没有专门的法律保护的具有秘密性质的技术知识、经验和技巧 (2)相关内容： ①在实际中，专有技术是援引合同法、侵权行为法、反不正当竞争法和刑法取得保护的 ②专有技术受法律保护的力度远比专利技术受到专利法保护的力度小

(二)国际技术贸易的基本方式

表 6-15　国际技术贸易的基本方式

许可贸易	(1)含义：指知识产权或专有技术的所有人作为许可方，通过与被许可方(引进方)签订许可合同，将其所拥有的技术授予被许可方，允许被许可方按照合同约定的条件使用该项技术，制造或销售合同产品，并由被许可方支付一定数额的技术使用费的技术贸易行为 (2)其他知识： ①按其标的内容可分为专利许可、商标许可、计算机软件许可和专有技术许可等形式 ②根据其授权程度大小，可分为独占许可、排他许可、普通许可、可转让许可、互换许可
特许专营	(1)含义：由一家已经取得成功经验的企业，将其商标、商号名称、服务标志、专利、专有技术以及经营管理的方式或经验等全盘地转让给另一家企业使用，由被特许人向特许人支付一定金额的特许费的技术贸易行为 (2)其他知识： ①被特许方与特许方之间仅是一种买卖关系；其合同是一种长期合同 ②特许专营是发达国家的企业进入发展中国家的一种非常有用的形式
技术服务和咨询	含义：独立的专家或专家小组或咨询机构作为服务方应委托方的要求，就某一个具体的技术课题向委托方提供高知识性服务，并由委托方支付一定数额的技术服务费的活动
合作生产	(1)含义：分属不同国家的企业根据它们签订的合同，由一方提供有关生产技术或各方提供不同的有关生产技术，共同生产某种合同产品，并在生产过程中实现国际技术转让的一种经济合作方式 (2)目的：为各方的合作生产服务
含有知识产权和专有技术转让的设备买卖	交易标的：一是硬件技术，即设备本身；二是软件技术，即设备中所含有的或与设备有关的技术知识

三、知识产权管理

(一)知识产权概述

表 6-16 知识产权概述

含义	人们对其智力劳动成果所享有的民事权利
《知识产权协定》	版权和相关权利、商标、地理标识、工业设计、专利、集成电路布图设计(拓扑图)和未披露信息
世界知识产权组织（WIPO）	(1)关于文学、艺术和科学作品的权利 (2)关于表演艺术家的表演以及唱片和广播节目的权利 (3)关于人类一切活动领域的发明的权利 (4)关于科学发现的权利 (5)关于工业品外观设计的权利 (6)关于商标、服务标记以及商业名称和标志的权利 (7)关于制止不正当竞争的权利 (8)在工业、科学、文学艺术领域内由于智力创造活动而产生的一切其他权利

(二)我国知识产权的主要形式

表 6-17 我国知识产权的主要形式

版权（著作权）	(1)作者的署名权、修改权、保护作品完整权的保护期不受限制 (2)公民的作品，其发表权、复制权、发行权、出租权等保护期为作者终生及其死亡后50年，截止于作者死亡后第50年的12月31日
专利权	发明专利的期限为20年，实用新型和外观设计专利权的期限为10年，均自申请之日起计算
商标权	(1)注册商标的有效期为10年，自核准注册之日起计算 (2)注册商标有效期满，需要继续使用的，商标注册人应当在期满前12个月内按照规定办理续展手续；在此期间未能办理的，可以给予6个月的宽展期。每次续展注册的有效期为10年，自该商标上一届有效期满次日起计算。期满未办理续展手续的，注销其注册商标
商业秘密	经营者不得采用下列手段侵犯商业秘密： (1)以盗窃、利诱、胁迫或者其他不正当手段获取权利人的商业秘密 (2)披露、使用或者允许他人使用以前项手段获取的权利人的商业秘密 (3)违反约定或者违反权利人有关保守商业秘密的要求，披露、使用或者允许他人使用其所掌握的商业秘密

（三）技术创新与知识产权制度的关系

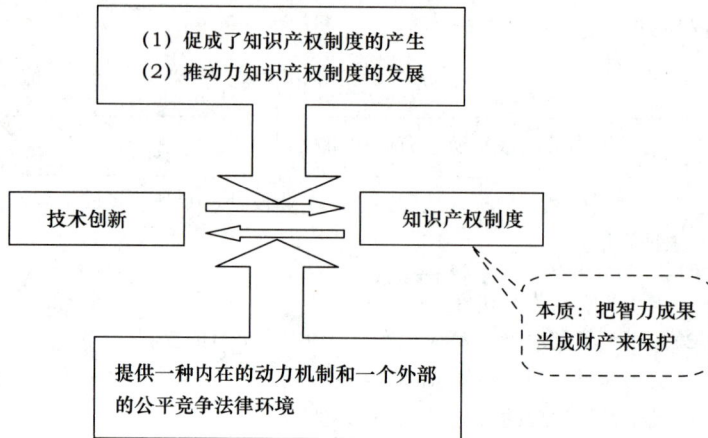

（四）企业知识产权保护策略

表6-18　企业知识产权保护策略

取得技术权利的排他性程度	专利法、技术秘密保护、著作权法、合同法、商标法
知识产权费用	著作权法、技术秘密保护、合同法、商标法、专利法（最高）
知识产权的保护期限	我国《商标法》规定，注册商标的有效期为10年，但期满前可以续展10年，并且也可以一直续展下去
知识产权的风险	专利法、技术秘密保护、著作权法、商标法

（五）知识产权法保护科技成果属性比较

表6-19　知识产权法保护科技成果属性比较

法律	排他性	费用	保护期限	风险
专利法	强	最高	中	无
著作权法	弱	低	长	中
技术秘密保护	中	中	长	低
合同法	弱	中	长	低
商标法	无	高	长	高

【考点综述】

本章在考试中的分值通常在 20 分左右，主要以单项选择题、多项选择题、案例分析题为主。本章考试的重点内容包括：技术创新的特点、分类；技术创新的六代过程与模式；技术创新战略的类型与选择；技术创新决策的评估方法；企业技术创新的内部与外部组织模式；企业研究与发展（R&D）管理；技术贸易与国际技术贸易；知识产权管理。

第七章

人力资源规划与薪酬管理

知识导图

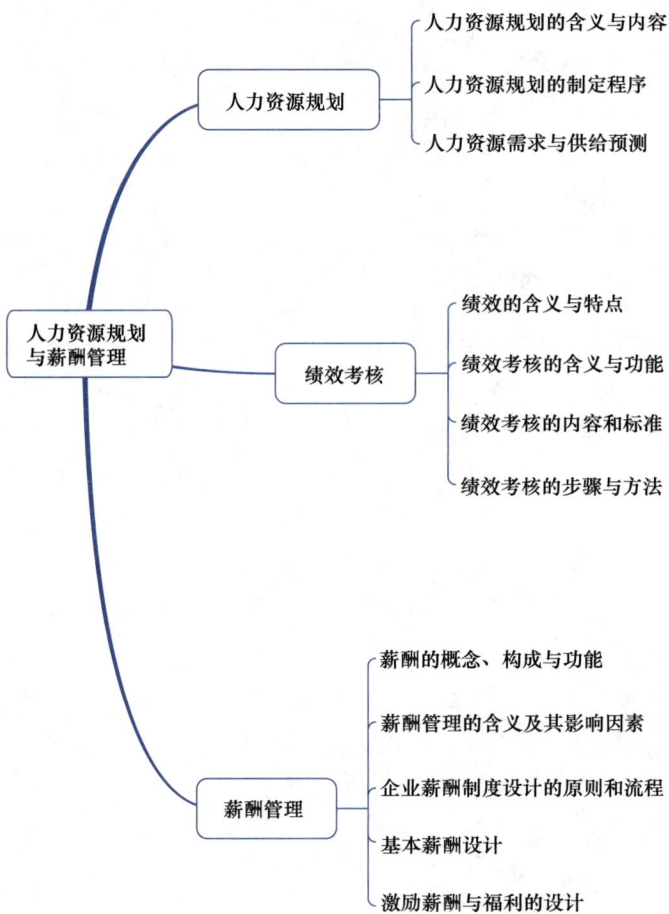

内容精要

第一节　人力资源规划

一、人力资源规划概述

表 7-1　人力资源规划概述

含义	企业根据发展战略、目标和任务的要求，科学地预测与分析企业在不断变化的环境中人力资源的需求和供给状况，并据此制定必要的人力资源政策和措施，以确保企业的人力资源与企业的发展战略、目标和任务在数量、质量、结构等方面保持动态平衡的过程
内容	(1)**按照规划时间的长短** ①短期规划(1 年或 1 年内) ②中期规划(1~5 年) ③长期规划(5 年或 5 年以上) (2)**按照规划的性质** ①总体规划 ②具体计划：包括人员补充计划、人员使用计划、人员接续及升迁计划、人员培训开发计划、薪酬激励计划等
制定程序	(1)收集信息，分析企业经营战略对人力资源的要求 (2)进行人力资源需求与供给预测 (3)制定人力资源总体规划和各项具体计划 (4)人力资源规划实施与效果评价

二、人力资源需求预测

表 7-2　人力资源需求预测

管理人员判断法	(1)含义 由企业的各级管理人员，根据自己工作中的经验和对企业未来业务量增减情况的直觉考虑，**自下而上**地确定未来所需人员的方法 (2)相关知识 ①一种粗略的、简便易行的方法 ②主要适用于**短期预测**

德尔菲法	(1)含义 由有经验的专家依赖自己的知识、经验和分析判断能力,对企业的人力资源需求进行直觉判断与预测 (2)相关知识 ①为专家提供详尽且完善的有关企业生产经营状况的信息 ②保证所有专家能够从同一角度去理解有关人力资源管理方面的术语和概念,避免造成误解和歧义 ③问题的回答不要求太精确,但要说明原因 ④提问过程尽可能简化,所提问题必须是与预测有关的问题 ⑤争取高层管理人员和专家对德尔菲法的支持 ⑥充分发挥了各位专家的作用,集思广益,预测的准确度相对较高,应用比较广泛
转换比率分析法	(1)含义 根据历史数据,把企业未来的业务活动量转化为人力资源需求的预测方法 (2)相关知识 ①步骤:计算分配率;分配 ②关键点:找出企业业务增量与人力资源增量和企业主体人员与辅助人员的比例关系,由此推断出企业各类人员的需求量
一元回归分析法	(1)含义 根据数学中的回归原理对人力资源需求进行预测 (2)相关知识 ①关键:找出与人力资源需求高度相关的变量 ②方程:$y = a + bx$(其中,a、b 为回归系数)

三、人力资源供给预测

(一)内部供给预测方法

表 7-3 　内部供给预测方法

人员核查法	是一种静态的方法,不能反映未来人力资源拥有量的变化,因此多用于短期的人力资源拥有量预测
管理人员接续计划法	(1)主要是对某一职务可能的人员流入量和流出量进行估计 (2)该职务的内部人力资源供给量=该职务的现职人员数+可能的人员流入量−可能的流出量 (3)主要适用于对管理人员和工程技术人员的供给预测 (4)管理人员接续计划模型

马尔可夫模型法	(1)用来预测具有时间间隔(如1年)的时间点上，各类人员分布状况的方法 (2)基本思路：找出企业过去在某两个职务或岗位之间的人事变动规律，以此推测未来企业中这些职务或岗位的人员状况 (3)计算过程 (4)一种应用广泛的定量预测方法 (5)周期越长，根据过去人员变动所推测的未来人员变动情况就越准确

（二）影响企业外部人力资源供给的因素

1. 本地区的人口总量与人力资源供给率。

2. 本地区人力资源的总体构成。

3. 宏观经济形势和失业率预期。

4. 本地区劳动力市场供求状况。

5. 本行业劳动力市场供求状况。

6. 职业市场状况。

第二节　绩效考核

一、绩效与绩效考核

表7-4　绩效与绩效考核

绩效	(1)绩效就其范围而言，可以分为企业绩效、部门绩效和员工个人绩效三种 (2)员工个人绩效是其工作结果的直接反映，对其所在部门和整个企业的目标能否实现有直接影响 (3)员工个人绩效是已经表现出来的工作结果和工作行为，也是能够评价的工作结果和工作行为 (4)特点 ①多因性 ②多维性 ③变动性
绩效考核	(1)含义 ①是一项管理活动 ②目的：促进员工个人、所在部门和整个企业整体绩效的提高 ③是人力资源管理的一项重要职能，是组织中所有管理者的责任 ④必须有一个事先确定的时间周期，必须借助一定的方法 (2)功能 ①管理功能 ②激励功能：绩效考核的根本目的在于促进员工完成绩效目标，增进绩效

绩效考核	③学习和导向功能 ④沟通功能 ⑤监控功能 ⑥增进绩效的功能 （3）内容：当前，企业对员工的绩效考核主要包括工作业绩、工作能力和工作态度三个考核项目 （4）**标准** ①必须明确、具体、清楚，尽量使用量化标准 ②必须适度 ③必须具有可变性 （5）步骤 绩效考核的准备阶段、绩效考核的实施阶段、绩效考核结果的反馈、绩效考核结果的运用

二、绩效考核的方法

表 7-5　绩效考核的方法

民主评议法	（1）含义 在听取考核对象个人述职报告的基础上，由考核对象的上级主管、同事、下级以及与其有工作关系的人员，对其工作绩效做出评价，然后综合分析各方面的意见得出该考核对象的绩效考核结果 （2）相关知识 ①**优点**：民主性强、操作程序比较简单、容易控制 ②**缺点**：会有人为因素导致的评价偏差 （3）适用范围：企业中层和基层管理人员
书面鉴定法	（1）含义 考核者以书面文字的形式对考核对象做出评价的方法 （2）相关知识 ①**优点**：明确灵活、反馈简洁 ②**缺点**：很难进行相互比较，也无法作为人事决策的可靠依据 （3）适用范围：企业初、中级专业技术人员和职能管理人员
关键事件法	（1）含义 通过观察，用描述性的文字记录下企业员工在工作中发生的直接影响工作绩效的重大和关键性的事件和行为 （2）相关知识 ①**优点**：考核结果以事实为依据，说服力强，能够使被考核者明了自己目前存在的不足和今后努力的方向 ②**缺点**：缺少唯一的考核标准，难以进行横向比较 （3）适用范围：不适于为员工的奖励分配提供依据

比较法	（1）含义 将一名员工的工作绩效与其他员工进行比较，进而确定其绩效水平的考核方法 （2）最常用的形式：直接排序法、交替排序法、一一对比法 （3）适用范围：只适用于被考核者人数较少的情况
量表法	（1）含义 把绩效考核的指标和标准制作成量表，根据量表对考核对象的工作绩效进行考核的方法 （2）相关知识 ①**评级量表法**：也叫评价量表法或图表评价尺度法，是指在量表中列出需要考核的绩效项目和绩效指标，然后将每个指标的评价尺度划分为若干等级 ②**行为锚定评价法**：把评级量表法与关键事件法结合起来，取二者之所长的方法。这种方法为每一职位的各个考核维度设计出评分量表，量表上的每个分数刻度都对应典型行为的描述性文字，供考核者在对考核对象进行评价打分时参考
平衡计分卡（BSC）	（1）含义 以企业战略为导向，寻找能够驱动战略成功的关键成功因素（CSF），并建立与关键成功因素有密切联系的关键绩效指标体系（KPI） （2）相关知识 ①是战略绩效管理的有力工具 ②基本框架：**顾客角度、内部流程角度、学习与成长角度、财务角度**
关键绩效指标（KPI）法	（1）含义 KPI 是基于企业经营管理绩效的系统考核体系，是指企业宏观战略目标决策经过层层分解产生的可操作性的战术目标，是宏观战略决策执行效果的监测指针，对组织战略目标有增值作用 （2）相关知识 ①**两条主线**：按组织结构分解，"目标—手段"法；按主要流程分解，目标责任法 ②**三种方法**：依据部门承担责任的不同建立；依据职类、职种工作性质的不同建立；依据平衡计分卡建立
目标管理法	（1）含义 目标管理是通过组织中的上级和下级一起协商，根据组织的使命确定一定时期内组织的总目标，由此决定上下级的责任和分目标，并把这些目标作为考核组织绩效以及每个部门和个人绩效产出对组织贡献的标准 （2）相关知识 ①绩效考核中的目标管理法 ②**基于标杆超越的目标管理法**：标杆超越法为企业设计绩效指标体系提供了一个以外部导向为基础的全新思路

第三节　薪酬管理

一、薪酬的概念、构成与功能

表 7-6　薪酬的概念、构成与功能

概念	指员工从事企业所需要的劳动而得到的各种直接的和间接的经济收入
构成	(1)**基本薪酬**：指企业根据员工所承担的工作或者所具备的技能而支付给员工的比较稳定的薪酬 (2)**激励薪酬**：是指企业根据员工、团队或者企业自身的绩效而支付给员工的具有变动性质的薪酬 (3)**间接薪酬**：是指企业给员工提供的各种福利
功能	(1)对**员工**的功能：保障功能、激励功能、调节功能 (2)对**企业**的功能：增值功能、改善用人活动功效的功能、协调企业内部关系和塑造企业文化的功能、促进企业变革和发展的功能 (3)对**社会**的功能：薪酬水平的高低会直接影响到国民经济的正常运行，也会影响到人民的生活质量，还会影响到社会的稳定等。另外，薪酬也调节人们择业和就业的流向

二、薪酬管理的含义及其影响因素

表 7-7　薪酬管理的含义及其影响因素

含义	企业在经营战略和发展规划的指导下，综合考虑内外部各种因素的影响，确定自身的薪酬水平、薪酬结构和薪酬形式，并进行薪酬调整和薪酬控制的整个过程
影响因素	企业**外部因素**： (1)法律法规 (2)物价水平 (3)劳动力市场的状况 (4)其他企业的薪酬状况 企业**内部因素**： (1)企业的经营战略 (2)企业的发展阶段 (3)企业的财务状况 **员工个人因素**： (1)员工所处的职位 (2)员工的绩效表现 (3)员工的工作年限

三、企业薪酬制度设计的原则和流程

表 7-8　企业薪酬制度设计的原则和流程

设计原则	(1)**公平原则**：外部公平、内部公平、员工个人公平 (2)**竞争原则** (3)**激励原则**：企业内部各类、各级职位之间的薪酬标准要适当拉开距离，避免平均化，利用薪酬的激励功能提高员工的工作积极性 (4)**量力而行原则** (5)**合法原则**
设计流程	(1)明确现状与需求 (2)确定薪酬策略 (3)进行工作分析：是影响付酬的重要因素 (4)进行职位评价：为实现各类职位员工薪酬的内部公平奠定坚实的基础 (5)进行等级划分 (6)建立健全配套制度 (7)进行市场薪酬调查 (8)确定薪酬结构与水平 (9)薪酬制度的实施与修正

四、基本薪酬设计

（一）以职位和以技能为导向的基本薪酬设计

表 7-9　以职位和以技能为导向的基本薪酬设计

以职位为导向的	(1)**职位等级法** ①内容：将员工的职位划分为若干级别(即职级)，按其所处的职级确定其基本薪酬的水平和数额 ②优点：简单易行，成本较低 ③缺点：不能有效地激励员工，尤其是当许多职位不能简单地划分等级时体现更加明显 ④适用：规模较小、职位类型较少而且员工对本企业各职位都较为了解的小型企业 (2)**职位分类法** ①内容：将企业中的所有职位划分为若干类型，然后根据各类职位对企业的重要程度和贡献确定每一类职位中所有员工的薪酬水平 ②优点：简单易行，可做到同职同薪，且能较好地发挥薪酬对员工在企业内部流动的调节作用 ③缺点：将各职位划分到某一类职位中时，有的科学依据不足，容易造成内部不公平 ④适用：专业化程度高、分工较细、工作目标较为明确的企业

以职位为导向的	（3）**计点法** ①内容：将各种职位划分为若干种职位类型，找出各类职位中所包含的共同"付酬因素"；然后把各"付酬因素"划分为若干等级；对每一"付酬因素"指派分数以及其在该因素各等级间的分配数值；最后，利用一张转换表将处于不同职级上的职位所得的"付酬因素"数值转换成具体的薪酬金额 ②优点：能够更好地体现出内部公平性的原则 ③缺点：操作较为复杂；成本较高 ④适用：国外企业普遍使用 （4）**因素比较法** ①内容：与计点法的相同之处：都需要找出各类职位共同的"付酬因素"；与计点法的不同之处：它舍弃了代表职位相对价值的抽象分数，而直接用相应的具体薪金值来表示各职务的价值 ②优点：既较为全面地考虑了各职位的价值，又具有较强的灵活性，是一种较为完善的基本薪酬设计方法 ③缺点：复杂且难度大，成本较高，而且不易被员工完全理解，对其公平性也常有怀疑
以技能为导向的	（1）**以知识为基础的** ①理论依据：具有较高文凭的员工工作效果会更好，而且还可以承担更高要求的工作 ②适用：企业职能管理人员 （2）**以技能为基础的** ①内容：根据员工能够胜任工作的种类数目，即员工技能的广度来确定员工的基本薪酬 ②适用：工作在生产和业务一线的员工

（二）宽带型薪酬结构的概念、特点与作用

表 7-10　宽带型薪酬结构的概念、特点与作用

概念	对多个薪酬等级以及薪酬变动范围进行重新组合，使之变成只有相当少数的薪酬等级以及相应比较宽的薪酬变动范围
特点	（1）**最大的特点**：扩大了员工通过技术和能力的提升增加薪酬的可能性，使员工薪酬的增长更多地依赖于本人技能和能力的提高以及对企业贡献的增加，而不是地位的提高，从而也进一步减少了对员工进行横向甚至向下调动时所遇到的阻力 （2）企业能密切配合市场供求变化，使员工的薪酬水平以市场薪酬调查的数据和企业的薪酬定位为基础而确定，这就使企业更能把握其薪酬水平在市场上的竞争力，并相应地做好薪酬成本控制工作
作用	（1）支撑了扁平型组织结构的运行 （2）引导员工重视个人技能的增长和能力的提高 （3）有利于促进职位轮换与调整 （4）有利于员工适应劳动力市场的供求变化 （5）有利于管理人员及人力资源专业人员的角色转变 （6）有利于促进薪酬管理水平的提高

五、激励薪酬与福利的设计

(一)激励薪酬

表 7-11　激励薪酬

概念	企业以员工、团队或者企业自身的绩效为依据而支付给员工个人的具有变动性质的薪酬
类型	(1)**个人激励薪酬** ①计件制 ②工时制 ③绩效工资：绩效调薪；绩效奖金；月/季度浮动薪酬；特殊绩效认可计划 (2)**群体激励薪酬** ①利润分享计划 ②收益分享计划 ③员工持股制度

(二)福利的内容与管理

表 7-12　福利的内容与管理

特点	与直接薪酬相比，福利有两个重要的特点： (1)福利多采取**实物支付或延期支付**的形式 (2)福利具有**准固定成本**的性质
优势	(1)形式灵活多样，可以满足员工不同的需要 (2)福利具有典型的保健性质，可以减少员工的不满意，有助于吸引和保留员工，增强企业的凝聚力 (3)福利具有税收方面的优惠，可以使员工得到更多的实际收入 (4)企业来集体购买某种福利产品，具有规模效应，可以为员工节省一定的支出
问题	(1)由于它具有普遍性，与员工个人的绩效并没有太大的直接联系，因此在提高员工工作绩效方面的效果不如直接薪酬那么明显，这也是福利最主要的问题 (2)福利具有刚性，一旦企业为员工提供了某种福利，就很难将其取消，这样就会导致福利的不断膨胀，从而增加企业的负担
内容	(1)**国家法定福利** ①法定的社会保险 ②住房公积金 ③公休假日 ④法定休假日 ⑤带薪休假 (2)**企业自主福利**：除了法定之外的由于某种原因而为员工另外提供的各种假期、休假，为员工及其家属提供的各种服务项目(如儿童看护、老人护理等)，以及灵活多样的员工退休计划等

续表

管理	（1）**调查阶段**：由企业提供一个备选"菜单"，让员工从中进行选择，也可以直接收集员工的意见 （2）**规划阶段**： ①确定需要提供的福利项目 ②对福利成本做出预算 ③制订出详细的福利实施计划 （3）**实施阶段**：实施中兼顾原则性和灵活性 （4）**反馈阶段**：发现调查、规划和实施阶段的问题，改善福利管理的质量

【考点综述】

本章在考试中的分值通常在 20 分左右，主要以单项选择题、多项选择题、案例分析题为主。本章考试的重点内容包括：人力资源规划的内容与程序；人力资源需求与供给预测；绩效考核的含义、功能、内容和标准；绩效考核的步骤与方法；薪酬的概念、构成与功能；薪酬管理的含义及其影响因素；企业薪酬制度设计的原则和流程；基本薪酬设计；激励薪酬与福利的设计。

第八章

企业投融资决策及重组

知识导图

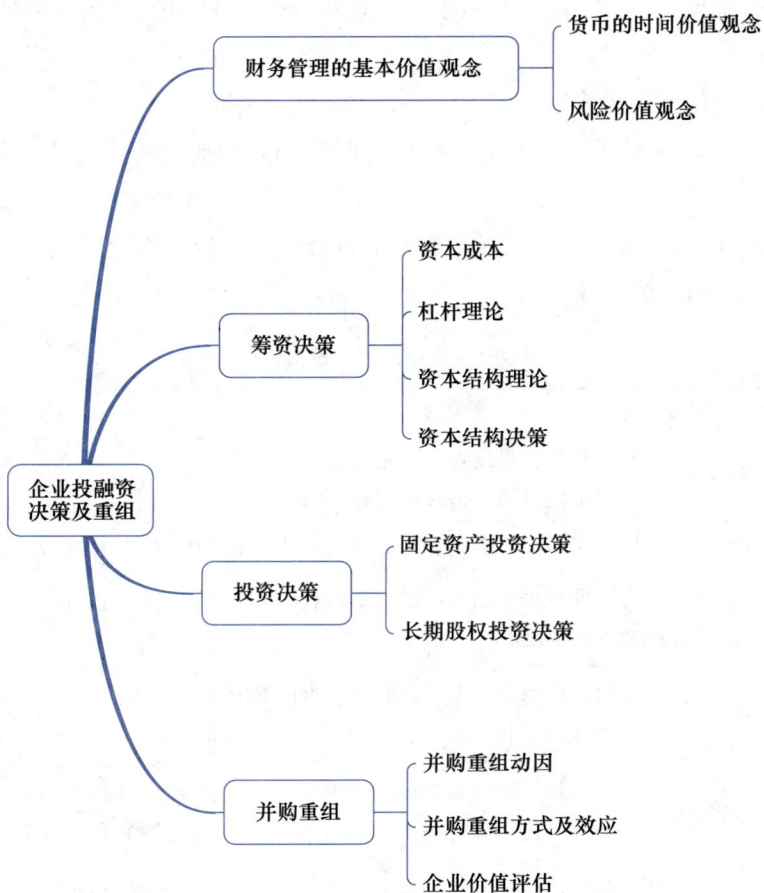

財务管理的基本价值观念
- 货币的时间价值观念
- 风险价值观念

企业投融资决策及重组

筹资决策
- 资本成本
- 杠杆理论
- 资本结构理论
- 资本结构决策

投资决策
- 固定资产投资决策
- 长期股权投资决策

并购重组
- 并购重组动因
- 并购重组方式及效应
- 企业价值评估

内容精要

第一节 财务管理的基本价值观念

一、货币的时间价值概念和计算

（一）货币的时间价值概念

1. 货币的时间价值，也称**资金的时间价值**，是指货币随着时间的推移而发生的增值。货币的时间价值原理正确地揭示了不同时点上的资金之间的换算关系，是财务决策的基础。

2. 资金时间价值有**两种表现形式**：

（1）**相对数**，即时间价值率，是扣除风险报酬和通货膨胀因素后的平均资金利润率或平均报酬率；

（2）**绝对数**，即时间价值额，是一定数额的资金与时间价值率的乘积。

（二）货币的时间价值计算

表 8-1 货币的时间价值计算

具体情况		终/现值	含义	公式
一次性收付款项		复利终值	又称将来值，是现在一定量现金在未来某一时点上的价值，俗称本利和	$F = P(1+i)^n = P(F/P, i, n)$
		复利现值	为取得将来一定本利和现在所需要的本金	$P = F(1+i)^{-n} = F(P/F, i, n)$
年金	后付年金	终值	一定时期内每期期末等额的系列收付款项的复利终值之和	$F = A \cdot \dfrac{(1+i)^n - 1}{i} = A(F/A, i, n)$
		现值	一定时期内每期期末等额的系列收付款项的复利现值之和	$P = A \cdot \dfrac{1-(1+i)^{-n}}{i} = A(P/A, i, n)$
	先付年金	终值	在 n 期后付年金终值的基础上乘上 $(1+i)$ 就是 n 期先付年金的终值	$F = A(F/A, i, n)(1+i)$ 或 $F = A[(F/A, i, n+1) - 1]$
		现值	在 n 期后付年金现值的基础上乘以 $(1+i)$ 就是 n 期先付年金现值	$P = A(P/A, i, n)(1+i)$ 或 $P = A[(P/A, i, n-1) + 1]$
	递延年金	现值	在最初若干期没有收付款项，后面若干期才有等额收付的年金形式	$P = A[(P/A, i, n)](1+i)^{-m}$
	永续年金[①]	现值	无限期支付的年金	$P = A/i$

注：①无期限债券的利息可视为永续年金。优先股因为有固定的股利而无到期日，因此优先股股利可视为永续年金。

二、风险价值观念

表8-2　风险价值观念

概念	(1)含义：风险价值又称风险收益、风险报酬，是指投资者由于冒着风险进行投资而获得的超过资金的时间价值的额外收益 (2)有两种表示方法：**风险报酬额和风险报酬率**。在财务管理中，风险报酬通常用相对数——风险报酬率来计量
风险报酬估计	**风险报酬率(R_R)=风险报酬系数(b)×标准离差率(V)×100%** 风险报酬系数是将标准离差率转化为风险报酬率的系数
投资必要报酬率	(1)在不考虑通货膨胀的情况下，**投资必要报酬率=资金时间价值(无风险报酬率)+风险报酬率** (2)一般情况下，可以将购买国债的收益率看成是无风险报酬率 (3)风险报酬率高低与风险大小有关，风险越大，要求的报酬率越大
单项资产的风险衡量	(1)**第一步确定概率分布**：概率分布是将随机事件各种可能的结果按一定的规则进行排列，同时列出各种结果出现的相应概率 (2)**第二步计算期望报酬率**：期望值是一个概率分布中的所有可能结果，以各自相应的概率为权数计算的加权平均值，它反映了预计报酬的平均化，即在不确定性因素影响下，投资者的合理预期值 (3)**第三步计算标准离差**：标准离差(δ)简称标准差，是反映概率分布中各种可能结果对期望值的偏离或离散程度的一个数值 (4)**第四步计算标准离差率**：标准离差率(V)是标准离差同期望报酬率的比值

第二节　筹资决策

一、资本成本

(一)个别资本成本率

表8-3　个别资本成本率

类型	具体资本	相关知识	公式	字母含义
长期债务	长期借款	(1)利息在税前支付，具有**减税**作用 (2)当借款合同附加补偿性余额条款的情况下，企业可动用的借款筹资额应扣除补偿性余额，此时借款的实际利率和资本成本率将**上升**	$(1)K_l = \dfrac{I_l(1-T)}{L(1-F_l)}$ $(2)K_l = R_l(1-T)$ (用资费用忽略不计时)	I_l：年利息额 L：筹资额 F_l：筹资费用率 R_l：借款利息率 T：税率

类型	具体资本	相关知识	公式	字母含义
长期债务	长期债券	(1)利息费用在所得税前列支 (2)筹资费用即发行费用，包括申请费、注册费、印刷费和上市费以及推销费等	$$K_b = \frac{I_b(1-T)}{B(1-F_b)}$$	I_b：每年支付的利息 B：筹资额 F_b：筹资费用率 T：企业所得税税率
股权	普通股	股利折现模型 （先估计普通股的现值，再计算其成本）	(1)固定股利政策： $$K_c = \frac{D}{P_0}$$ (2)固定增长股利政策： $$K_c = \frac{D_1}{P_0} + G$$	K_c：资本成本率 D：每年固定股利 P_0：融资净额 G：股利固定增长率
		资本资产定价模型 （必要报酬率等于无风险报酬率加上风险报酬率）	$$K_c = R_f + \beta(R_m - R_f)$$	R_f：无风险报酬率 R_m：市场平均报酬率 β：风险系数
	优先股	每年股利相等，可将其资本成本视为求永续年金现值	$$K_p = \frac{D}{P_0}$$	D：每股年股利 P_0：筹资净额
	留用利润	它的资本成本是一种机会成本	测算方法与普通股基本相同，只是不考虑筹资费用	—

(二)综合资本成本率

表8-4　综合资本成本率

概念	又称加权平均资本成本率，是指一个企业全部长期资本的成本率，通常是以各种长期资本的比例为权重，对个别资本成本率进行加权平均测算
决定因素	(1)个别资本成本率 (2)各种资本结构
测算公式	$K_w = \sum\limits_{j=1}^{n} K_j W_j$ 其中，K_w 为综合资本成本率，K_j 为第 j 种资本成本率，W_j 为第 j 种资本比例

二、杠杆理论

(一)营业杠杆、财务杠杆和总杠杆

表 8-5　营业杠杆、财务杠杆和总杠杆

营业杠杆	又称**经营杠杆或营运杠杆**，在企业生产经营中，由于固定成本存在，当销售额(营业额)增减时，息税前盈余会有更大幅度的增减
财务杠杆	也称**融资杠杆**，是指由于债务利息等固定性融资成本的存在，使权益资本净利率(或每股收益)的变动率大于息税前盈余率(或息税前盈余)变动率的现象
总杠杆	(1)也称**联合杠杆**，是指营业杠杆和财务杠杆的联合作用 (2)意义：普通股每股收益变动率相对于销售额(营业额)变动率的倍数

(二)营业杠杆系数、财务杠杆系数和总杠杆系数

表 8-6　营业杠杆系数、财务杠杆系数和总杠杆系数

	概念	公式	字母含义	意义
营业杠杆系数(DOL)	也称营业杠杆程度，是**息税前盈余的变动率**相当于**销售额**(营业额)变动率的倍数	$DOL = \dfrac{\Delta EBIT/EBIT}{\Delta S/S}$ 按销售数量确定： $DOL_Q = \dfrac{Q(P-V)}{Q(P-V)-F}$ 按销售金额确定： $DOL_S = \dfrac{S-C}{S-C-F}$	$EBIT$：息税前盈余额 $\Delta EBIT$：息税前盈余额的变动额 S：营业额 ΔS：营业额的变动额 Q：销售数量 P：单价 V：单位销量的变动成本额 F：固定成本总额 C：变动成本总额	营业杠杆度越大(或小)，表示企业息税前盈余对销售量变化的敏感程度越高(或低)，经营风险越大(或小)
财务杠杆系数(DFL)	指**普通股每股收益**(EPS)变动率与**息税前盈余**变动率的比值	$DFL = \dfrac{\Delta EPS/EPS}{\Delta EBIT/EBIT}$ $DFL = \dfrac{EBIT}{EBIT-I}$ $DFL = \dfrac{EBIT}{EBIT-I-D_p/(I-T)}$	$\triangle EPS$：普通股每股收益变动额 EPS：普通股每股税后利润额 I：债务年利息额 D_p：为优先股股息 T：为企业所得税税率	财务杠杆系数越大，财务杠杆利益越大，财务风险越高
总杠杆系数(DTL)	营业杠杆系数和财务杠杆系数的乘积	$DTL = DOL \times DFL$	—	—

三、资本结构理论

表 8-7　资本结构理论

早期资本结构理论	(1)**净收益观点**：由于债务资本成本率一般低于股权资本成本率，因此，公司的债务资本越多，债务资本比例就越高，综合资本成本率就越低，从而公司的价值就越大。但忽略了财务风险 (2)**净营业收益观点**： ①在公司的资本结构中，债务资本的多少、比例的高低，与公司的价值没有关系 ②决定公司价值的真正因素，应该是公司的净营业收益 (3)**传统观点**：增加债务资本对提高公司价值是有利的，但债务资本规模必须适度
MM 资本结构理论	(1)假设条件：无税收、资本可以自由流通、充分竞争、预期报酬率相同下的证券价格相同、完全信息、利率一致、高度完善和均衡的资本市场等 (2)**两个重要命题**： 命题Ⅰ——无论公司有无债权资本，其价值等于公司所有资产的预期收益额（息税前利润）按适合该公司风险等级的必要报酬率（综合资本成本率）予以折现。这一命题的基本含义是公司的价值不会受资本结构的影响 命题Ⅱ——利用财务杠杆的公司，其股权资本成本率随筹资额的增加而增加，因此公司的市场价值不会随债权资本比例的上升而增加。在没有企业和个人所得税的情况下，风险相同的企业，其价值不受负债及其程度的影响 (3)权衡理论：随着公司债权资本比例的提高，公司的风险也会上升，由此会增加公司的额外成本，降低公司的价值。因此，公司最佳资本结构应当是节税利益和债权资本比例上升而带来的财务危机成本或破产成本之间的平衡点
现代资本结构理论	(1)**代理成本理论** ①公司债务的违约风险是财务杠杆系数的增函数；随着公司债权资本的增加，债权人的监督成本随之提升，债权人会要求更高的利率 ②该代理成本最终由股东承担，公司资本结构中债权比率过高会导致股东价值的降低 ③债权资本适度的资本结构会增加股东的价值 (2)**啄序理论** ①根据该理论，公司选择筹资方式的顺序依次是内部筹资、外部筹资（债权筹资、股权筹资）。这种顺序的选择不会传递对公司股价不利的信息 ②按照该理论，不存在明显的目标资本结构 (3)**动态权衡理论** ①该理论将调整成本纳入模型之中，发现即使很小的成本调整也会使公司的负债率与最优水平发生较大的偏离 ②当调整成本小于次优资本结构所带来的公司价值损失时，公司的实际资本结构就会向其最优资本结构状态进行调整；否则，公司将不进行这种调整 (4)**市场择时理论**：在股票市场非理性、公司股价被高估时，理性的管理者应该发行更多的股票以利用投资者的过度热情；当股票被过分低估时，理性的管理者应该回购股票

四、资本结构决策

表 8-8　资本结构决策

决策方法	相关知识
资本成本比较法	在适度财务风险的条件下，测算可供选择的不同资本结构或筹资组合方案的综合资本成本率，并以此为标准相互比较确定最佳资本结构的方法
每股利润分析法	(1)含义：利用每股利润无差别点进行资本结构决策的方法 (2)每股利润无差别点是指两种或两种以上筹资方案下普通股每股利润相等时的息税前盈余点 (3)测算公式： $$\frac{(\overline{EBIT}-I_1)(1-T)-D_{P_1}}{N_1}=\frac{(\overline{EBIT}-I_2)(1-T)-D_{P_2}}{N_2}$$ 式中：$\overline{EBIT}$为息税前盈余平衡点；I_1、I_2 为长期债务年利息；D_{P_1}、D_{P_2}优先股年股利；N_1、N_2 为普通股股数 (4)决策规则：解出$\overline{EBIT}$(无差别点)，当实际 $EBIT$ 大于无差别点时，选择**资本成本固定型(银行贷款、发行债券、优先股)**筹资方式更有利；反之则选择**资本成本非固定型(普通股)**筹资方式

第三节　投资决策

一、现金流量

表 8-9　现金流量

现金流量含义	一定时间内由投资引起各项现金流入量、现金流出量及现金净流量的统称
现金流量估算	遵循的基本的原则：**只有增量现金流量才是与项目相关的现金流量**
初始现金流量	(1)含义：指开始投资时发生的现金流量 (2)**内容**： ①固定资产投资 ②流动资产投资 ③其他投资费用 ④原有固定资产的变价收入

营业现金流量	(1)含义：指投资项目投入使用后，在其寿命周期内由于生产经营所带来的现金流入和流出的数量。一般按年度进行计算 (2)内容：每年销售收入等于营业现金流入量，付现成本(不包括折旧)为营业现金流出量，则： 每年净营业现金流量(NCF)＝每年营业收入－付现成本－所得税＝净利润＋折旧
终结现金流量	(1)含义：指投资项目完结时所发生的现金流量 (2)内容： ①固定资产的残值收入或变价收入 ②原来垫支在各种流动资产上的资金的收回 ③停止使用的土地的变价收入等

二、非贴现现金流量指标

表 8-10　非贴现现金流量指标

指标	含义	公式	决策规则	缺点	
投资回收期（PP）	指回收初始投资所需要的时间，一般以年为单位	(1)如果每年的 NCF 相等： $$PP=\frac{原始投资额}{NCF}$$ (2)如果每年的 NCF 不相等，那么要根据每年年末尚未收回的投资额计算回收期： PP＝累计净现金流量开始出现正值的年份数－1＋上一年累计净现金流量的绝对值/出现正值年份的净现金流量	—	(1)没有考虑回收期满后的现金流量状况 (2)无法反映项目收益情况	没有考虑资金的时间价值
平均报酬率（ARR）	投资项目寿命周期内平均的年投资报酬率	$$ARR=\frac{平均年现金流量}{初始投资额}\times100\%$$	(1)只有高于必要平均报酬率的方案才能入选 (2)在有多个方案的互斥选择中，选用平均报酬率最高的方案	—	

三、贴现现金流量指标

表 8-11　贴现现金流量指标

指标	含义	公式	优点	缺点	决策规则	
					只有一个 备选方案	多个备 选方案
净现值 （NPV）	投资项目投入使用后的净现金流量，按资本成本率或企业要求达到的报酬率折算为现值，加总后减去初始投资以后的余额	$NPV=$未来报酬总现值$-$初始投资 $=\sum_{t=1}^{n}\dfrac{NCF_t}{(1+k)^t}-C$	能够反映各种投资方案的净收益	不能揭示各个投资方案本身可能达到的实际报酬率水平	为正者，采纳	选用 NPV 最大的方案
	从投资开始至项目寿命终结时所有一切现金流量的现值之和	$NPV=\sum_{t=0}^{n}\dfrac{CFAT_t}{(1+k)^t}$ （$CFAT_t$：第 t 年的现金流量）				
内部报酬率 （IRR）	使投资项目的净现值等于零的贴现率	$\sum_{t=1}^{n}\dfrac{NCF_t}{(1+r)^t}-C=0$	反映了投资项目的真实报酬率，且概念易于理解	计算过程比较复杂	IRR 大于或等于企业的资本成本率或必要报酬率就采纳；反之，则拒绝	应选用 IRR 超过资本成本率或必要报酬率最多的投资项目
获利指数 （PI）	又称利润指数，是投资项目未来报酬的总现值与初始投资额的现值之比	$PI=\left[\sum_{t=1}^{n}\dfrac{NCF_t}{(1+k)^t}\right]/C$	（1）能够真实地反映投资项目的盈亏程度 （2）有利于对初始投资额不同的投资方案进行对比	—	PI 大于或者等于 1，就采纳，反之则拒绝	选用 PI 最大的投资项目

（表中"考虑了资金的时间价值"跨优点列中部）

四、项目风险的衡量与处理方法

表 8-12　项目风险的衡量与处理方法

方法	概念	公式
调整现金流量法	把不确定的现金流量调整为确定的现金流量，然后用无风险报酬率作为折现率计算净现值	$NPV = \sum_{t=0}^{n} \dfrac{\text{第 } t \text{ 年现金流量的肯定当量系数}^{①} \times CFAT_t}{(1 + \text{无风险报酬率})^t}$
调整折现率法	基本思路是对高风险的项目采用较高的折现率计算净现值	$NPV = \sum_{t=0}^{n} \dfrac{CFAT_t}{(1 + \text{风险调整折现率})^t}$

注：①肯定当量系数是指不确定的 1 元现金流量相当于使投资者肯定满意的金额系数，数值在0~1之间，越远期的现金流量，其肯定当量系数越小。

五、长期股权投资决策

表 8-13　长期股权投资决策

概念	以股东名义将资产投资于被投资单位，并取得相应的股份，按所持股份比例享有被投资单位的权益以及承担相应的风险
特征	(1)是一种交换行为，主要是通过分配来增加财富、分散风险或谋求其他利益 (2)投资风险较大
风险	(1)投资决策风险 (2)投资运营管理风险 (3)投资清理风险
内部控制制度体系	(1)明确职责分工与授权批准 (2)可行性研究、评估与决策控制 (3)投资执行控制 (4)投资处置控制

第四节　并购重组

一、并购重组动因、方式及效应

表 8-14　并购重组概念、动因、方式及效应

概念	企业重组是指企业以资本保值增值为目标，运用资产重组、负债重组和产权重组方式，优化企业资产结构、负债结构和产权结构，以充分利用现有资源，实现资源优化配置

动因	(1)**客观动因**：从企业发展本身出发考虑的动因 (2)**主观动因**：企业所有者、管理者和目标公司管理者从各自利益出发考虑的动因
收购与兼并	(1)**统称并购** (2)收购：一个企业用现金、有价证券等方式购买另一家企业的资产或股权，以获得对该企业控制权的一种经济行为 (3)兼并：也称吸收合并，一个企业购买其他企业的产权，并使其他企业失去法人资格的一种经济行为 (4)类型 ①按双方的**业务性质**划分：纵向并购、横向并购、混合并购 ②按双方**是否友好协商**划分：善意并购、敌意并购 ③按并购的**支付方式**划分：承担债务式并购、现金购买式并购、股权交易式并购 ④按**涉及被并购企业的范围**划分：整体并购、部分并购 ⑤按**是否利用被并购企业本身资产来支付并购资金**划分：杠杆并购、非杠杆并购 ⑥按**并购的实现方式**划分：协议并购、要约并购、二级市场并购 (5)效应 ①实现协同效应，包括管理协同、经营协同、财务协同 ②实现战略重组，开展多元化经营 ③获得特殊资产和渠道 ④降低代理成本(代理成本包括契约成本、监督成本和剩余损失)
分立	(1)含义：一家公司依照法律规定、行政命令或公司自行决策，分解为两家或两家以上的相互独立的新公司，或将公司某部门资产或子公司的股权出售的行为 (2)类型 ①**标准分立**：一个母公司将其在某子公司中所拥有的股份，按母公司股东在母公司中的持股比例分配给现有母公司的股东，从而在法律上和组织上将子公司的经营从母公司的经营中分离出去 ②**出售**：将公司的某一部分股权或资产出售给其他企业，表现为减持或全部出售掉某一公司的股权或公司的资产，伴随着资产剥离过程 ③**分拆**：也称持股分立，是将公司的一部分分立为一个独立的新公司的同时，以新公司的名义对外发行股票，而原公司仍持有新公司的部分股票 (3)效应 ①适应战略调整： 由于公司战略重点转移，会使某项业务或资产不适应新战略重点需要，需将其出售 ②减轻负担 当公司出现下列四种情况时，公司会出于减轻负担的考虑，实施分立： ①某项业务处于亏损或微利状态 ②某项业务虽然暂时有盈利，但在同行业中明显没有竞争优势 ③某项业务的发展需大量的资金投入，而公司本身资金短缺或是虽有资金但有更好的资金投向

分立	④公司内部各部门、各分公司之间协调难度大
	(4)筹集资金： 筹集资金可以为公司应付财务危机、实施并购提供所需资金
	(5)清晰主业： 当管理层进行了机会与风险、优势与劣势的分析后，认为在公司的多项业务中，只有某一项才是公司的竞争优势所在时，公司将非核心或不具竞争优势的业务分离出去或者卖掉，会有利于清晰主业，打造公司核心竞争力
	(6)化解内部竞争性冲突： 如当公司某一项的存在和发展影响到公司另一项业务的客户时，选择某种分立方式可化解内部竞争性冲突

二、资产注入、资产置换、债务重组行为

表 8-15　资产注入、资产置换、债务重组行为

资产注入	(1)含义：指交易双方中的一方将公司账面上的资产，可以是流动资产、固定资产、无形资产、股权中的某一项或某几项，按评估价或协议价注入对方公司 (2)相关知识 ①如果对方支付现金，意味着资产注入方的资产变现 ②如果对方出股权，意味着资产注入方以资产出资进行投资或并购
资产置换	(1)含义：交易者双方(有时可由多方)按某种约定价格(如谈判价格、评估价格等)，在某一时期内相互交换资产的交易 (2)相关知识 ①双方均出资产，意味着业务的互换 ②资产置换意味着集团内部战略目标、业务结构、资产结构及各公司战略地位的调整
债务重组行为	(1)债转股： ①含义：公司债权人将其对公司享有的合法债权转为出资(认购股份)，增加公司注册资本的行为 ②带来的变化：公司的债务资本转成权益资本、该出资者身份由债权人身份转变为股东身份 ③积极效应：能够使被投资公司降低债务负担；能够使债权人获得通过债务企业上市、股权交易或股票回购方式收回全部投资的机会 (2)以股抵债： ①含义：债务人以其持有的股权抵偿其所欠债务的行为 ②为缺乏现金清偿能力的股东偿还公司债务提供了途径 ③积极效应：能有效提升债权公司的资产质量，使每股收益和净资产收益率水平提高

三、企业价值评估方法

表 8-16　企业价值评估方法

收益法	(1)股利折现法：将预期股利进行折现以确定评估对象价值的具体方法，通常适用于缺乏控制权的股东部分权益价值的评估 (2)现金流量折现法 $$V = \sum_{t=1}^{n} \frac{FCF_t}{(1+i)^t}$$ FCF_t：第 t 年的企业报酬 ①通常包括企业自由现金流折现模型和股权自由现金流折现模型 ②其框架最严谨，但模型复杂，需要的信息量大，数据估算具有高度的主观性与不确定性
市盈率法	**市盈率＝每股市价(或市值)/每股盈利(净利润总额)** (1)不适用于周期性较强的行业 (2)**优点**：计算简便，容易掌握，适用面较广 (3)**缺点**： ①交易双方对标准市盈率容易产生分歧，而市场上可供参考的上市公司因市价变动较大而使市盈率很不稳定 ②易受会计信息质量的影响 ③净利润为负数或因企业自身因素(如非正常收益变化剧烈)以及宏观经济因素(如萧条时期)变化明显而发生扭曲时，市盈率法估值的准确性会受到影响 ④没有考虑风险、增长、股息支付等重要因素
市净率法	**市净率＝每股市价/每股净资产** (1)优点：账面价值数据容易获取，较权益数据稳定和直观，估值结果更为可靠 (2)局限性：账面价值受折旧方法及会计政策影响大，当公司间采用不同的会计政策时，可比性较差；账面价值对于没有太多固定资产的服务类企业意义不大，所以此方法不适合此类公司；不适合账面价值为负数的企业
市盈率相对盈利增长比率法	**市盈率相对盈利增长比率＝市盈率/公司未来 3 年或 5 年的每股收益复合增长率** (1)也称为 PEG 指标 (2)PEG 等于 1，表示市场赋予股票的估值可以充分反映其未来业绩的成长性 (3)PEG 大于或小于 1，说明股票的价值可能被高估或低估，或市场认为这家公司的业绩成长性会高于(或低于)市场的预期 (4)适应性较广，**尤其适应对毛利率稳定的行业进行估值**
市销率估值法	市销率＝股票市值/销售收入(营业收入) (1)市销率也称为价格营收比，目标企业的价值即销售收入(营业收入)乘以标准市销率 (2)优点：**公司净利润为负时也可用**，可以和市盈率估值法形成良好补充

【考点综述】

本章在考试中的分值通常在 18 分左右，主要以单项选择题、多项选择题、案例分析题为主。本章考试的重点内容包括：货币的时间价值观念；风险价值观念；资本成本；杠杆理论、资本结构理论和资本结构决策；现金流量估算；财务可行性评价指标；项目风险的衡量与处理方法；长期股权投资决策；并购重组方式及效应。

知识导图

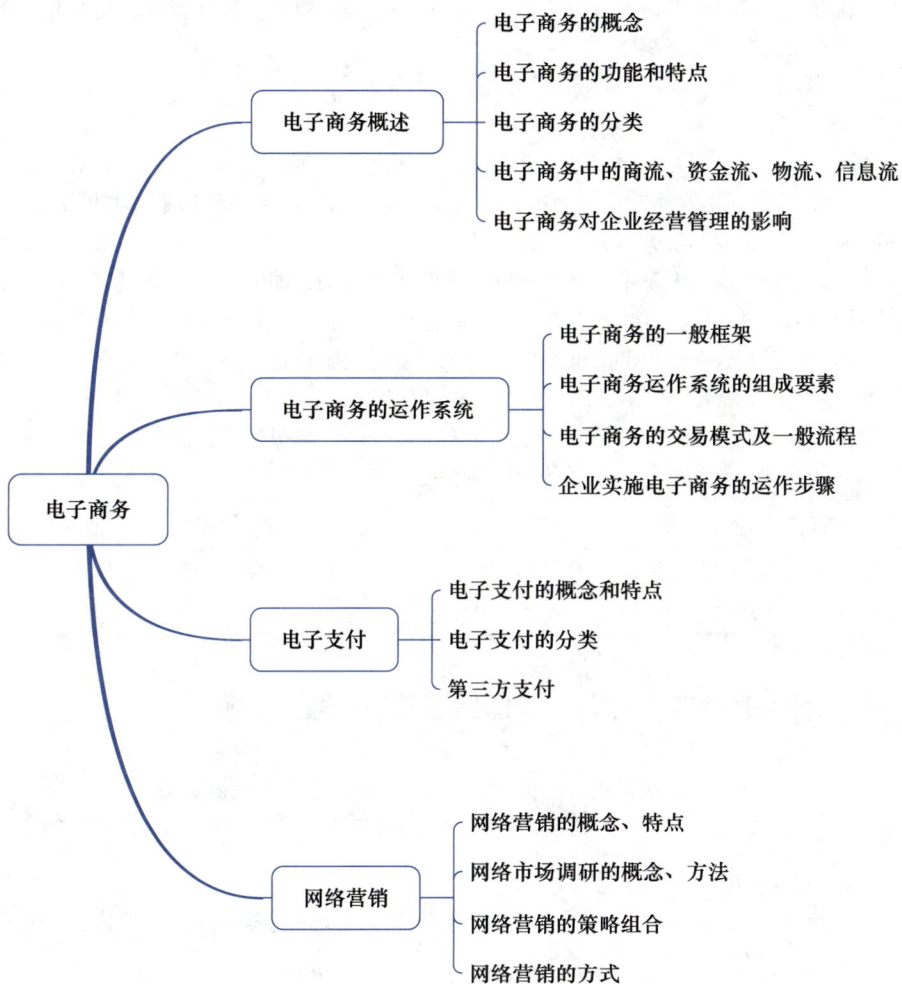

电子商务 —
- 电子商务概述
  - 电子商务的概念
  - 电子商务的功能和特点
  - 电子商务的分类
  - 电子商务中的商流、资金流、物流、信息流
  - 电子商务对企业经营管理的影响
- 电子商务的运作系统
  - 电子商务的一般框架
  - 电子商务运作系统的组成要素
  - 电子商务的交易模式及一般流程
  - 企业实施电子商务的运作步骤
- 电子支付
  - 电子支付的概念和特点
  - 电子支付的分类
  - 第三方支付
- 网络营销
  - 网络营销的概念、特点
  - 网络市场调研的概念、方法
  - 网络营销的策略组合
  - 网络营销的方式

■ 内 容 精 要

<h2 style="text-align:center">第一节　电子商务概述</h2>

一、电子商务的概念、功能和特点

表 9-1　电子商务的概念、功能和特点

概念	(1)经济全球化是指世界经济活动超越国界，商品、信息、货币、人员等生产要素跨国跨地区流动，通过对外贸易、资本流动、技术转移、提供服务、相互依存、相互联系而形成的全球范围的有机经济整体 (2)信息技术革命为电子商务的产生奠定了技术基础 (3)电子商务 ①狭义：通过使用互联网等电子手段(电报、电话、广播、电视、传真、计算机、计算机网络、移动通信等)在全球范围内进行的商务贸易活动，包括商品和服务的提供者、广告商、消费者、中介商等各方行为的总和 ②广义：企业通过电子手段进行的所有运营管理活动，即通过使用互联网等电子手段，使企业内部、供应商、客户和合作伙伴之间，利用电子业务共享信息，实现企业间业务流程的电子化，配合企业内部的电子化生产管理系统，提高企业的生产、库存、流通和资金等各个环节的效率 ③根本上来说，电子商务是以商务活动为主体，以计算机网络为基础，以电子化方式为手段，其本质是商务的电子化，是一种电子化的商务模式
功能	广告宣传、咨询洽谈、网上订购、电子支付、网上服务、网络调研、交易管理
特点	市场全球化、跨时空限制、交易虚拟化、成本低廉化、交易透明化、操作方便化、服务个性化、运作高效化

二、电子商务的分类、四流、对企业经营管理的影响

表 9-2　电子商务的分类、四流、对企业经营管理的影响

分类	商业活动的运行方式： (1)完全电子商务： ①在交易过程中的商流、资金流、物流、信息流等四个流都能够在网上完成，商品或服务的整个商务过程都可以在网络上实现 ②对象：无形货物和服务，如某些计算机软件、娱乐产品联机订购、付款和交付，或者是全球规模的信息服务 ③电子商务发展的高级阶段

分类	（2）非完全电子商务：无法完全依靠电子商务方式实现和完成整个交易过程，这些交易过程主要包括有形商品的物流配送、线下支付、现场服务 **开展电子交易的地域范围**： （1）区域化电子商务：本地区或本城，范围较小 （2）远程国内电子商务： ①本国，范围较大 ②对软硬件和技术要求较高，在全国范围内实现商业电子化、自动化，实现金融电子化 （3）全球电子商务：全世界范围内 **交易的主体**： （1）B2B：企业对企业 （2）B2C：企业对消费者 （3）C2C：消费者对消费者 （4）O2O：线上对线下 （5）B2G：企业对政府 （6）C2G：消费者对政府
四流	（1）**商流** ①指物品在流通中发生形态变化的过程，即由货币形态转化为商品形态，以及由商品形态转化为货币形态，随着买卖关系的发生，商品所有权发生转移的过程 ②包括买卖交易活动及商务信息活动 （2）**资金流** ①是指在买卖双方间随着商品实物及其所有权的转移而发生的资金往来流程，包括支付、转账、结算等 ②商务活动的经济效益通过资金的流动来体现 （3）**物流** ①物流是指商品从供应地向接收地的实体流动过程 ②根据实际需要，物流包括运输、储存、装卸与搬运、包装、流通加工、配送、信息处理等基本功能 （4）信息流：是电子商务交易各个主体之间的信息传递与交流的过程，它伴随整个交易过程 （5）**四流的关系** ①四流是一个相互联系、互为伴随、共同支撑电子商务活动的整体 ②商流是动机和目的，资金流是条件，物流是终结和归宿，信息流是手段 ③在整个电子商务活动中，商流、资金流、物流必然伴随着信息的传递，这种信息的双向传递过程是电子商务活动达成的一种必需手段 ④商流是物流、资金流和信息流的起点和前提，没有商流一般不可能发生物流、资金流和信息流 ⑤没有物流、资金流和信息流的匹配和支撑，商流也不可能达到目的

对企业经营管理的影响	（1）**组织结构**：金字塔形→扁平形；虚拟企业 （2）**管理模式**： ①企业内部构造了内部网、数据库 ②企业管理由集权制向分权制转换 ③组织流程"并行" （3）**生产经营**： ①降低企业的交易成本 ②减少企业库存 ③缩短企业的生产周期 ④增加企业交易机会 （4）**竞争方式**：大小企业竞争机会均等，速度、质量、服务、信用等成为企业竞争的核心要素 （5）**人力资源管理**： ①减少时间成本、经济成本 ②符合员工需求 ③简化相关流程，方便员工与管理者 （6）**管理思想**： ①全球化观念 ②标准化观念 ③快速创新观念 ④注重知识观念

第二节　电子商务的运作系统

一、电子商务的一般框架、组成要素

表9-3　电子商务的一般框架、组成要素

一般框架	**三个层次**： （1）网络层 ①网络基础设施，实现电子商务的最底层的硬件基础设施 ②包括远程通信网、有线电视网、无线通信网和互联网 （2）信息发布（传输）层：解决如何在网上传输各种信息的问题 （3）一般业务服务层：核心是 CA 认证 **四个支柱**： （1）公共政策：政府制定的促进电子商务发展的宏观政策 （2）技术标准： ①是信息发布、传递的基础，是网络上信息一致性的保证

一般框架	②我国电子商务技术标准包括：EDI 标准、商品编码标准（HS）、通信网络标准、其他相关标准 （3）网络安全：电子商务的核心领域 （4）法律规范：制约和规范作用
组成要素	（1）**消费者** ①消费者构成了商务活动的核心要素 ②分布更广泛；需求趋于多样性；具有参与性；与企业联系更为密切 （2）**企业** ①既是产品服务的提供者，义是信息的提供者 ②推动电子商务发展的根本力量 （3）**银行** ①起着不可替代的货币流通中介作用 ②网上银行为交易的双方提供电子支付的手段 （4）**物流配送体系**：具有反应速度快、功能集成化、服务系列化等特点 （5）**CA 认证中心**：电子商务是一种在虚拟互联网空间进行的商务模式，为了保证相关主体身份的真实性和交易的安全性，这就需要一个具有权威性和公正性的第三方信任机构，即 CA 认证中心 （6）**其他**：工商、税务、海关

二、电子商务的交易模式及一般流程

表9-4　电子商务的交易模式及运作步骤

| 交易模式 | （1）**B2B**
①卖方控制型市场战略：单一卖方企业建立
②买方控制型市场战略：一个或多个购买企业建立
③中介控制型市场战略：买卖双方企业之外的第三者建立
（2）**B2C**
组成：
①为顾客提供在线购物场所的网上商店
②为顾客进行商品配送的物流系统
③资金结算的电子支付系统
类型：
①综合型：商品类型多样，亚马逊、京东、当当
②垂直型：商品单一
（3）**C2C**：代表是淘宝电子商务模式
（4）**O2O**
①线上平台和线下实体店 |

交易模式	②模式：自建官方商城+连锁店铺；借助第三方平台，实现加盟企业和分站系统完美结合 (5)其他 ①B2G：企业通过网络向政府管理部门办理各种手续：工商注册、办证、报关、出口退税；政府管理部门对企业进行征税和监管；政府部门进行工程的招标和政府采购 ②C2G：政府的电子商务行为，不以营利为目的；政府采购、网上报关、报税
运作步骤	(1)明确愿景：企业电子商务的长期愿望与未来状况 (2)制定战略：企业电子商务作为整体该如何运行的根本指导思想 (3)选择策略： ①运营模式确定 ②渠道建设 ③品牌营销策略 (4)系统设计与开发： ①功能设计 ②流程设计：面向供应商的流程、面向客户的流程、内部流程 ③网站设计：整体设计、功能与结构设计、艺术设计 ④数据库设计 ⑤系统开发 (5)电子商务组织实施：电子商务网站推广、试运行、评估反馈、完善、全面实施

第三节　电子支付

一、电子支付的概念、特点、分类

表 9-5　电子支付的概念、特点、分类

概念	(1)单位、个人直接或授权他人通过电子终端发出支付指令，实现货币支付与资金转移的行为 (2)货币债权以数字信息的方式被持有、处理、接收 **电子支付 VS 传统支付** (1)采用先进的技术通过数字流转来完成信息传输，各种支付方式都是通过数字化的方式进行款项支付 VS 通过现金的流转、票据的转让及银行的汇兑等物理实体来完成款项支付 (2)工作环境基于一个开放的系统平台(即互联网)VS 在较为封闭的系统中运作 (3)使用的是最先进的通信手段 VS 使用的是传统的通信媒介 (4)对软、硬件设施的要求很高 VS 对软、硬件设施的要求低 (5)电子支付具有方便、快捷、高效、经济的优势

分类	**（1）电子货币** ①概念：用一定金额的现金或存款从发行者处兑换并获得代表相同金额的数据，通过使用某些电子化方法将该数据直接转移给支付对象，从而清偿债务 ②功能：转账结算；储蓄；兑现；消费贷款 **（2）银行卡** 银行卡的支付流程分为：交易流程、清算流程。 **（3）网上银行** ①优势：全面实现无纸化交易；服务方便、快捷、高效、可靠；经营成本低廉；简单易用 ②构成：网上银行系统由用户系统、网站、网银中心、业务数据中心、银行柜台和 CA 认证中心等组成

二、第三方支付

表 9-6　第三方支付

概念	（1）第三方支付，就是一些和产品所在国家以及国内外各大银行签约、并具备一定实力和信誉保障的第三方独立机构提供的交易支持平台 （2）在第三方支付交易流程中，商家看不到客户的信用卡信息，同时又避免了信用卡信息在网络上多次公开传输而导致信息被窃的情况
流程	

第四节　网络营销

一、网络营销与网络市场调研

表 9-7　网络营销与网络市场调研

网络营销	（1）概念：是指基于互联网、移动互联网平台，利用信息技术与软件工具，满足商家与客户之间交易产品、提供服务的过程；通过在线活动创造、宣传和传递客户价值，并对客户关系进行管理，以达到一定营销目的的新型营销活动

网络营销	(2)**特点**：跨时域性、交互式、个性化、经济性、多维性、超前性、整合性、高效性、技术性
网络市场调研	(1)概念：网络市场调研是指在互联网上针对特定营销环境进行简单调查设计、收集资料和初步分析的活动，以及利用各种搜索引擎寻找竞争环境信息、客户信息、供求信息的行为 (2)方法 ①**网络市场直接调研**(一手资料)：网上观察法、专题讨论法、在线问卷法、网上实验法 ②**网络市场间接调研**(二手资料)：利用搜索引擎查找资料、访问相关网站收集资料、利用网上数据库查找资料

二、网络营销的策略组合

表9-8　网络营销的策略组合

产品策略	(1)**产品形态** ①适合网上销售的产品：信息产品：计算机软件、音乐、文献；有形产品：以物流配送系统作支撑；网上服务：远程教育、保险服务、宾馆预订 ②适合网上销售的产品的特点：产品标准化、重购性、时尚性、廉价性 (2)**产品定位**：先进行网上调查，收集广大客户的信息，明确消费者的爱好、消费特点 (3)**产品开发**：企业将新产品信息提供给顾客，顾客及时反馈，提高开发速度，降低成本
价格策略	定价因素：国际化、趋低化、弹性化、价格解释体系
促销策略	网络促销工具：导购、有奖促销、赠品促销、积分促销、虚拟货币促销、折扣促销、免费资源、服务促销
渠道策略	类型：会员网络、分销网络、快递网络、服务网络、生产网络

三、网络营销的方式

表9-9　网络营销的方式

搜索引擎营销	(1)目前最主要的网络营销手段之一 (2)**方法**：竞价排名、分类目录登录、搜索引擎登录、付费搜索引擎广告、关键词广告、搜索引擎优化、地址栏搜索、网站链接策略
博客营销	**本质**：通过原创专业化内容进行知识分享，争夺话语权，建立起个人品牌，树立自己"意见领袖"的身份，进而影响读者和消费者的思维和购买行为
论坛营销	是利用电子论坛网络交流平台，通过专业的论坛帖子策划、撰写、发放、监测、汇报等流程，在论坛空间提供高效传播

即时通讯营销	网络在线交流、广告
病毒式营销	(1)原理：用户口碑传播 (2)零费用，常用于网站推广、品牌推广
网络知识性营销	百度的"知道""百科"，企业网站自建的疑问解答板块
网络事件营销	通过事件吸引或转移公众注意力，改善、增进与公众的关系
网络口碑营销	把传统的口碑营销与网络技术有机结合起来
网络直复营销	生产企业通过网络，直接发展分销渠道或直接面对终端消费者销售产品
网络视频营销	将电视广告与互联网营销集于一身
网络图片营销	有创意的图片
网络软文营销	又叫网络新闻营销，通过网络上门户网站、地方或行业网站等平台传播一些具有阐述性、新闻性和宣传性的文章
RSS 营销	也叫聚合 RSS，是对邮件列表的替代和补充
SNS 营销	也叫社会性网络服务营销 (1)利用 SNS 的网站的分享和共享功能，在六维理论的基础上实现 (2)随着网络社区化而兴起

【考点综述】

本章在考试中的分值通常在 10 分左右，主要以单项选择题、多项选择题为主。本章考试的重点内容包括：电子商务的概念、功能、特点、分类；电子商务中的商流、资金流、物流、信息流；电子商务的一般框架；电子商务的交易模式及一般流程；企业实施电子商务的运作步骤；电子支付的特点与分类，第三方支付；网络市场调研的方法；网络营销的策略组合、方式。